John Stuart Mill

W0060532

C(

Reihe Campus
Einführungen
Band 1079

Herausgegeben von
Hans-Martin Lohmann (Heidelberg)
Alfred Paffenholz (Bremen)
Willem van Reijen (Utrecht)
Martin Weinmann (Wiesbaden)

John Stuart Mill (1806-1873) ist einer der vielseitigsten und einflußreichsten Denker des 19. Jahrhunderts. Neben seinen Schriften zum politischen und ökonomischen Liberalismus sind vor allem seine Arbeiten zur theoretischen und praktischen Philosophie von Bedeutung, die im Mittelpunkt dieser Einführung stehen.

Die zentrale These der theoretischen Philosophie Mills ist, daß das induktive Schließen in den Naturwissenschaften das Paradigma des menschlichen Erkennens darstellt. Mill verfolgt das Ziel, eine Theorie der Induktion zu entwickeln, die keine apriorischen Voraussetzungen besitzt. Das Hauptanliegen seiner praktischen Philosophie besteht in der Suche nach einem Kriterium zur Beurteilung des moralischen Wertes von Handlungen und Handlungsregeln nach deren Nutzen für das kollektive Glück.

Mills Theorien sind sowohl mit Bezug auf neuere Diskussionen über Naturalismus in der Erkenntnistheorie (Willard v. O. Quine, Richard Rorty) als auch hinsichtlich gegenwärtiger Auseinandersetzungen mit dem Utilitarismus (John Rawls, Peter Singer) von aktuellem Interesse.

Ralph Schumacher, geboren 1964, ist wissenschaftlicher Mitarbeiter am Institut für Philosophie der Universität München. Sein Hauptinteresse gilt der theoretischen Philosophie des ausgehenden 19. und beginnenden 20. Jahrhunderts sowie der neueren sprachanalytischen Philosophie. Gegenwärtig arbeitet er über den Zusammenhang von Erkenntnistheorie und Semiotik in der Philosophie von Charles S. Peirce.

Ralph Schumacher

John Stuart Mill

Campus Verlag
Frankfurt/New York

Redaktion: Hans-Martin Lohmann

Die Deutsche Bibliothek – CIP-Einheitsaufnahme

Schumacher, Ralph:
John Stuart Mill / Ralph Schumacher. – Frankfurt/Main ; New
York : Campus Verlag, 1994
  (Reihe Campus ; Bd. 1079 : Einführungen)
  ISBN 3-593-35156-0
NE: GT

Copyright © 1994 bei Campus Verlag GmbH, Frankfurt/Main
Umschlaggestaltung: Atelier Warminski, Büdingen
Satz: Fotosatz L. Huhn, Maintal-Bischofsheim
Druck und Bindung: Friedrich Pustet, Regensburg
Dieses Buch wurde auf säurefreiem und chlorfrei
gebleichtem Papier gedruckt.
Printed in Germany

Inhalt

Siglen

Die meisten Schriften von John Stuart Mill werden nach deutschen Übersetzungen zitiert. Eine Ausnahme wird bei den beiden Werken *System der Logik* und *Eine Prüfung der Philosophie von Sir William Hamilton* gemacht, für die keine neueren Übersetzungen vorliegen. Die aus diesen Werken zitierten Passagen wurden vom Autor ins Deutsche übersetzt.

SL   John Stuart Mill, »A System of Logic. Being a Connected View of the Principles of Evidence and the Methods of Investigation«, Books I-III. In: *Collected Works of John Stuart Mill*, J.M. Robson (Hg.), London/Toronto 1973, Bd. VII.

EH   John Stuart Mill, »An Examination of Sir William Hamilton's Philosophy and of the Principal Philosophical Questions Discussed in his Writings«. In: *Collected Works of John Stuart Mill*, J.M. Robson (Hg.), London/Toronto 1979, Bd. IX.

U   John Stuart Mill, *Der Utilitarismus*, Übersetzung, Anmerkungen und Nachwort von Dieter Birnbacher (Hg.), Stuttgart 1976.

F   John Stuart Mill, *Über die Freiheit*, Übersetzung von Bruno Lemke, mit Anhang und Nachwort von Manfred Schlenke (Hg.), Stuttgart 1974.

N   John Stuart Mill, »Natur«. In: ders., *Drei Essays über*

Religion, Anmerkungen und Nachwort von Dieter Birnbacher (Hg.), Stuttgart 1984.

1. Einleitung

John Stuart Mill ist einer der vielseitigsten und einflußreichsten Denker des 19. Jahrhunderts. Neben politischen Schriften über die Demokratie und über die Unterdrückung der Frauen umfaßt sein Werk Arbeiten zur Ökonomie, zur politischen und praktischen Philosophie sowie zur Semantik, Erkenntnis- und Wissenschaftstheorie. Mills Verteidigung der politischen und sozialen Freiheit des Individuums in der Schrift *Über die Freiheit* (1859), seine im Anschluß an Jeremy Bentham entwickelte utilitaristische Ethik in *Der Utilitarismus* (1861) und seine erkenntnis- und wissenschaftstheoretischen Überlegungen im *System der Logik* (1843) und der Arbeit *Eine Prüfung der Philosophie von Sir William Hamilton* (1865) waren bereits zu seinen Lebzeiten bekannte und einflußreiche Schriften. Drei Fragestellungen sind für das philosophische Denken Mills, in das diese Arbeit einführen soll, von zentraler Bedeutung.

1. Das Hauptproblem der theoretischen Philosophie Mills ist das Induktionsproblem, das sich aus zwei Teilproblemen zusammensetzt. Zum einen stellt Mill die Frage nach den Methoden, mit deren Hilfe induktive Schlüsse sowohl angeleitet als auch überprüft werden können. Zum anderen fragt er nach den Voraussetzungen, die den induktiven Methoden zugrunde liegen.

2. Das zentrale Problem seiner praktischen Philosophie be-

steht in der Frage nach dem Kriterium, anhand dessen der moralische Wert von Handlungen und Handlungsregeln beurteilt werden muß. Mill formuliert dieses Problem als die Frage nach dem »Maßstab für Recht und Unrecht« im moralischen Sinn. (U 5)

3. Die leitende Fragestellung seiner politischen Philosophie liegt in der Frage nach der Grenze der rechtmäßigen Machtausübung der Gesellschaft über das Individuum. Da er die soziale und politische Freiheit des Individuums durch die »Tyrannei der Mehrheit« bedroht sieht, bemüht sich Mill darum, diese Freiheit vor Einschränkungen durch die Gesellschaft zu schützen.

Den Überlegungen, die Mill im Zusammenhang mit diesen Fragestellungen anstellt, liegt zum einen das theoretische Motiv zugrunde, kein apriorisches Wissen in Anspruch zu nehmen. Mill vertritt eine empiristische Erkenntnistheorie und lehnt die Möglichkeit apriorischen Wissens über die Wirklichkeit ab. Deshalb bemüht er sich sowohl in seiner theoretischen als auch in seiner praktischen und politischen Philosophie darum, apriorisches Wissen nicht vorauszusetzen. Er kritisiert daher Positionen, die wie beispielsweise die Ansätze von William Hamilton und William Whewhell vom Deutschen Idealismus beeinflußt sind und apriorisches Wissen zugrunde legen. Da insbesondere Samuel Taylor Coleridge die Philosophie des Deutschen Idealismus im 19. Jahrhundert in England bekannt gemacht hat, bezeichnet Mill die von ihm kritisierten Positionen auch als Ansätze der »Germano-Coleridgean-school«.[1] Während er sich mit der Position Whewhells hauptsächlich im *System der Logik* auseinandersetzt, unterzieht er die seinerzeit überaus einflußreiche Position Hamiltons in der Arbeit *Eine Prüfung der Philosophie von Sir William Hamilton* detaillierter Kritik.

Die Position, die sich aus Mills Ablehnung der Möglichkeit apriorischen Wissens im Rahmen seiner theoretischen

Philosophie ergibt, kann mit Bezug auf Willard v. O. Quines naturalisierte Erkenntnistheorie als Naturalismus bezeichnet werden.[2] Der Naturalismus Quines ist erstens dadurch gekennzeichnet, daß die Möglichkeit radikaler Skepsis hinsichtlich unseres Erkenntnisvermögens abgelehnt wird. Statt dessen wird behauptet, daß alle Geltungsansprüche empirischen Wissens ausschließlich empirisch begründet werden können. Zweitens zeichnet sich dieser Naturalismus durch die These von der universellen Erklärungskompetenz der Naturwissenschaft aus, der zufolge es nichts geben kann, das nicht naturwissenschaftlich erklärbar ist. Die von Mill im *System der Logik* entwickelte Position kann in diesem Sinn als Naturalismus bezeichnet werden, weil er mit Bezug auf Descartes die Möglichkeit radikaler Skepsis bestreitet. Aus diesem Grund bemüht sich Mill darum, seine induktive Methodologie und deren Voraussetzungen unter ausschließlicher Bezugnahme auf empirisches Wissen zu begründen. (Vgl. 2.7) Zudem vertritt er die Auffassung, daß es nur empirische Wissenschaften geben kann und daß alle wissenschaftlichen Erklärungen kausale Erklärungen sind. Daher betrachtet er den Unterschied zwischen Naturwissenschaften wie Physik und Chemie und Formalwissenschaften wie Arithmetik, Geometrie und Logik nicht als prinzipiellen, sondern nur als graduellen Unterschied. (Vgl. 2.6)

Die Ablehnung der Möglichkeit apriorischen Wissens hat auch in Mills praktischer Philosophie zur Folge, daß er sich darum bemüht, keine apriorischen Voraussetzungen in Anspruch zu nehmen. Als Kriterium für den moralischen Wert von Handlungen und Handlungsregeln stellt Mill das »Nützlichkeitsprinzip« auf. (Vgl. 3.2) Er behauptet, daß der moralische Wert von Handlungen und Handlungsregeln danach beurteilt werden muß, welchen Nutzen diese für das Glück der Individuen besitzen, die von den Handlungen beziehungsweise der Anwendung der Handlungsregeln betroffen sind. Demnach sollen nur solche Handlungen und Handlungsregeln moralisch positiv bewertet werden, die für das kollektive Glück nützlich sind. Mills Begründung des Nützlichkeitsprinzips liegt der Anspruch zugrunde, dieses Prinzip ohne Bezug auf apriorisches Wissen allein durch empirische Überlegungen zu stützen.

Ein weiteres theoretisches Motiv Mills besteht darin, im Rahmen seiner praktischen Philosophie den Utilitarismus Benthams weiterzuentwickeln. Durch seinen Vater James Mill, der mit Bentham eng befreundet war, lernte John Stuart Mill dessen Utilitarismus bereits früh kennen. In Übereinstimmung mit Bentham vertritt Mill die hedonistische Position, daß der Begriff des Glücks durch den Begriff der Lust definiert werden muß. Zudem stimmt er mit ihm darin überein, daß für jeden einzelnen Menschen das eigene Glück und für die Gesamtheit der Menschen das kollektive Glück erstrebenswert ist. Mill ist ebenso wie Bentham der Auffassung, daß sich der moralische Wert von Handlungen und Handlungsregeln nach deren Nutzen für das kollektive Glück richtet. Da an Benthams Utilitarismus häufig kritisiert wurde, daß bei der moralischen Beurteilung von Handlungen und Handlungsregeln ausschließlich quantitative Unterschiede zwischen Lustzuständen berücksichtigt werden, entwickelt Mill Benthams Position weiter, indem er zusätzlich zwischen qualitativ verschiedenen Typen von Lust unterscheidet.

Ein drittes theoretisches Motiv beruht darauf, daß Mill den politischen Idealen der Aufklärung verpflichtet ist. Er betrachtet die Meinungs- und Diskussionsfreiheit sowie die Freiheit der persönlichen Lebensführung und die Vereinigungsfreiheit als unveräußerliche Freiheiten des Individuums, die vor dem einschränkenden Zugriff der Gesellschaft geschützt werden müssen. Daher bemüht sich Mill im Rahmen seiner politischen Philosophie um die Begründung dieser Freiheiten auf der Grundlage des Utilitarismus. Dazu stellt er eine Behauptung auf, die von mir im folgenden als »Freiheitsprinzip« bezeichnet wird. Danach darf die Freiheit von Personen nur unter der Bedingung von der Gesellschaft eingeschränkt werden, daß dies zum Schutz der Interessen anderer Personen geschieht und damit dem Selbstschutz der Gesellschaft dient. Mill argumentiert, daß durch die genannten Freiheiten die Interessen anderer Personen nicht beeinträchtigt werden können. Vielmehr sollen diese Freiheiten für das kollektive Glück nützlich sein. Unter Voraussetzung des Utilitarismus ist der Schutz dieser Freiheiten daher geboten.

Diese Einführung ist keine vollständige Darstellung aller philosophischen Fragestellungen und Konzeptionen Mills, da bei einem vielseitigen Denker wie Mill der Anspruch auf Vollständigkeit in dem begrenzten Rahmen einer Einführung nur auf Kosten der Genauigkeit eingelöst werden kann. Daher werden beispielsweise seine religionsphilosophischen Aufsätze *Natur, Die Nützlichkeit der Religion* und *Theismus* sowie seine Überlegungen zum Erklärungsbegriff in den Geisteswissenschaften nicht im einzelnen untersucht.[3] Statt dessen konzentrieren sich die folgenden Kapitel auf Mills Überlegungen zu den drei eingangs dargestellten Fragestellungen, die für das Verständnis seiner Philosophie zentral sind. Ausgehend von diesen Fragestellungen erschließen sich alle weiteren philosophischen Konzeptionen Mills. Der Aufbau der einzelnen Kapitel wird in den jeweiligen Einleitungen ausführlich beschrieben.

Abschließend möchte ich mich bei Andrea Esser, Günther Hamborg, Prof. Dr. Rolf-Peter Horstmann und Dr. Stefan Schulze bedanken, deren kritische Bemerkungen, Anregungen und weiterführenden Anstöße für mich stets hilfreich gewesen sind.

2. Naturalismus in der theoretischen Philosophie: Mills Methodologie der Induktion und deren Voraussetzungen

2.1 Einleitung

Das zentrale Problem des *Systems der Logik* ist das Induktionsproblem, das von Mill mit Bezug auf die beiden folgenden Induktionsbeispiele erläutert wird. (SL 313 f.) Die Aussagen »Alle Schwäne sind weiß« und »Alle Menschen tragen ihren Kopf oberhalb der Schultern« sind Aussagen, die auf der Beobachtung von Schwänen und Menschen sowie der induktiven Verallgemeinerung der einzelnen Beobachtungsergebnisse beruhen. Die erste Aussage wurde mit der Entdeckung schwarzer Schwäne widerlegt. Da aber lange Zeit keine Beobachtungen gegen sie sprachen und sie daher als gut bestätigte Aussage angesehen wurde, stellt sich Mill die Frage, ob nicht auch die zweite Aussage mit der gleichen Wahrscheinlichkeit falsch sein kann wie die erste. Er verneint dies und behauptet, daß die Induktion, die der zweiten Aussage zugrunde liegt, verläßlicher ist als der induktive Schluß, auf dem die erste Aussage beruht. Damit stellt sich die Frage, worin sich diese beiden Induktionen unterscheiden. Aus welchem Grund ist zweite Induktion verläßlicher als die erste? Mit Bezug auf diese Fragestellung wird das Induktionsproblem von Mill als die Frage nach den Bedingungen formuliert, unter denen induktive Schlüsse verläßlich sind. Dieses Problem setzt sich aus zwei Teilproblemen zusammen. Zum einen stellt Mill die Frage nach den Methoden, mit deren Hilfe induktive Schlüsse sowohl angeleitet als auch überprüft werden können. Zur Beantwortung dieser Frage entwickelt er daher eine Methodologie der Induktion. Zum anderen fragt er nach den Voraussetzungen, die den induktiven Methoden zugrunde liegen. Mill zufolge beruhen sie auf der von mir als »Uniformitätsannahme« bezeichneten ontologischen Voraussetzung, daß alle empirischen Phänomene nach uniformen kausalen Gesetzen auftreten.

Das Induktionsproblem wird von Mill im dritten Buch des *Systems der Logik* thematisiert, nachdem er in den beiden vorangehenden Büchern eine Reihe von erkenntnistheoretischen und semantischen Konzeptionen entwickelt hat. Weil diese Konzeptionen für das Verständnis seiner Überlegungen zum Induktionsproblem unentbehrlich sind, soll im folgenden zuerst auf sie und anschließend auf das Induktionsproblem eingegangen werden. Im Abschnitt 2.2 wird Mills Logikverständnis dargestellt, das sich zum einen dadurch auszeichnet, daß er Logik als empirische Disziplin und als Teildisziplin der Psychologie betrachtet. Zum anderen versteht Mill seine Logik als Logik der Forschung, die sich nicht nur mit Fragen der formalen Logik, sondern ebenfalls mit erkenntnistheoretischen, semantischen und methodologischen Problemen befaßt. Der Abschnitt 2.3 untersucht Mills Theorie der Begriffs- und Aussagenbedeutung, wobei hauptsächlich auf den Zusammenhang zwischen seiner Konzeption von Denotation und Konnotation und der Unterscheidung zwischen wirklichen und verbalen Aussagen eingegangen wird. Die sensualistische These von der »Relativität menschlichen Wissens« wird im Abschnitt 2.4 beschrieben und in Beziehung zu Mills Bedeutungstheorie gesetzt. Im Abschnitt 2.5 wird auf Mills Empirismus eingegangen, dem die Unterscheidung zwischen wirklichen und scheinbaren Schlüssen zugrunde liegt. Mill zufolge sind ausschließlich Induktionen wirkliche Schlüsse. Weil alle Induktionen von empirischer Erfahrung ausgehen, kann es daher nur empirisches Wissen geben. Mill bestreitet damit die

Möglichkeit apriorischen Wissens über die Wirklichkeit. Der Abschnitt 2.6 stellt die Konsequenzen dar, die sich aus Mills empiristischer Erkenntnistheorie für seine Konzeption der Wissenschaft ergeben. Mill vertritt die Auffassung, daß alle Wissenschaften einschließlich der Formalwissenschaften Arithmetik, Geometrie und Logik empirische Wissenschaften sind. Auf das Induktionsproblem wird abschließend im Abschnitt 2.7 eingegangen.

2.2 Die Forschungslogik Mills

Die im *System der Logik* durchgeführten philosophischen Untersuchungen werden von Mill als Untersuchungen im Rahmen der Logik betrachtet. Mit der Einbeziehung erkenntnistheoretischer, semantischer und methodologischer Fragestellungen in die Logik verfolgt er die Absicht, seine im *System der Logik* entwickelten Konzeptionen als grundlegend und gegenüber philosophischen Kontroversen neutral auszuweisen. Er betrachtet die Logik als »das gemeinsame Feld, auf dem die Partisanen Hartleys und Reids, Lockes und Kants sich treffen und einander die Hände reichen können«, (SL 14) und bemüht sich darum, seine eigenen Theorien innerhalb der Logik zu situieren, damit ihnen die Vertreter unterschiedlichster philosophischer Positionen zustimmen können. Aus diesem Grund formuliert er in der Einleitung zum *System der Logik*, daß er in seiner Arbeit keine Behauptung aufstellen wird, die in der Philosophie kontrovers diskutiert wird. (Ebd. 14 f.) Dieser Anspruch Mills, mit dem *System der Logik* den Bestand derjenigen logischen Grundlagen darzustellen, die gegenüber philosophischen Kontroversen neutral sind, ist sicherlich unangemessen, weil die von Mill vertretenen empiristischen und naturalistischen Konzeptionen in philosophischer Hinsicht durchaus nicht unkontrovers sind. Ungeachtet der Unangemessenheit seines Anspruchs ist es aber für das Verständnis des *Systems der Logik* erforderlich zu erklären, womit dieser Anspruch begründet wird. Dazu muß der Logikbegriff Mills näher untersucht werden.

Die von Mill im *System der Logik* vertretene Logikkonzeption unterscheidet sich deutlich von dem in der Gegenwart gängigen Logikverständnis, wonach unter Logik in erster Linie formale Logik verstanden wird. Im Unterschied zur formalen Logik, die aus Junktoren- und Quantorenlogik besteht, thematisiert Mill im Rahmen seiner Logik neben den formalen Regeln für korrektes Schließen hauptsächlich erkenntnistheoretische, semantische und methodologische Fragestellungen. Er rechnet damit philosophische Fragestellungen zum Bereich der Logik, die gemäß dem gegenwärtigen Logikverständnis nicht zur Logik gehören. Da aber Mill nicht alle philosophischen Fragestellungen unterschiedslos in die Logik einbezieht und damit Logik und Philosophie miteinander gleichsetzt, sondern bestimmte philosophische Fragestellungen als »metaphysische« Fragen aus dem Bereich der Logik ausgrenzt, muß im Zusammenhang mit der Frage nach Mills Logikbegriff auch nach dem Kriterium gefragt werden, anhand dessen er entscheidet, welche philosophischen Fragen im Rahmen der Logik behandelt werden können.

Neben der Frage nach dem Gegenstandsbereich von Mills Logik stellen sich weitere Fragen mit Bezug auf den Status, den er der Logik als Wissenschaft zuschreibt. Mill zufolge besitzt die Logik den Status einer empirischen Wissenschaft. Auf der Grundlage seiner naturalistischen Konzeption von Wissenschaft, derzufolge Wissenschaft ausschließlich als empirische Wissenschaft möglich ist, (vgl. 2.6) behauptet er, daß logische Gesetze ebenso wie beispielsweise die Gesetzmäßigkeiten von Chemie und Physik im Zuge empirischer Untersuchungen aufgestellt werden. Da laut Mill in der Logik reale Bewußtseinsprozesse empirisch untersucht werden und weil er in diesem Zusammenhang Logik als Teildisziplin der Psychologie bezeichnet, wurde von verschiedenen Seiten der Vorwurf erhoben, daß Mill eine »psychologistische« Logikkonzeption vertritt. Mit diesem Vorwurf, der sich beispielsweise in Charles S. Peirces *Harvard-* und *Lowell-Vorlesungen* von 1865/66 und in Edmund Husserls *Logischen Untersuchungen* (1900-1901) findet, werden eine Reihe inhaltlich verschiedener Einwände vorgebracht, deren wesentliche Gemeinsamkeit darin besteht, daß sie eine empirische Untersuchung des Bewußtseins als Grundlage von logischen Gesetzen und Schlußregeln ablehnen.[4] Im folgenden soll zuerst der Gegenstandsbereich der Logik untersucht und dargestellt werden, welches Logikverständnis Mills Einbeziehung bestimmter philosophischer Fragestellungen in die Logik zugrunde liegt. Anschließend wird der Status von Mills Logik thematisiert und auf verschiedene Einwände eingegangen, die sich mit dem Vorwurf des »Psychologismus« gegen seine naturalistische Konzeption der Logik wenden.

Die Logik setzt sich laut Mill aus zwei Teildisziplinen zusammen, die jeweils unterschiedliche Aufgaben erfüllen (SL 4 f.): Erstens besteht die Aufgabe der Logik als »Wissenschaft des Schließens« in der empirischen Untersuchung derjenigen Bewußtseinsprozesse, die beim logischen Schließen stattfinden. Aufbauend auf diesen empirischen Untersuchungen soll die Logik zweitens als »Kunst des Schließens« logische Gesetze und Schlußregeln aufstellen, anhand derer die logische Korrektheit von Schlüssen überprüft werden kann. Damit setzt sich die Logik aus einer theoretischen und einer anwendungsbezogenen Teildisziplin zusammen, die Mill zufolge in dem Verhältnis wechselseitiger Abhängigkeit zueinander stehen. Einerseits soll die »Kunst des Schließens« von der »Wissenschaft des Schließens« abhängig sein, weil formale Regeln für korrektes Schließen laut Mill nur unter Voraussetzung der empirischen Untersuchung von Bewußtseinsprozessen aufgestellt werden können. Andererseits betrachtet Mill die »Wissenschaft des Schließens« insoweit als von der »Kunst des Schließens« abhängig, als sich deren Fragestellung nach den Erfordernissen der »Kunst des Schließens« richten muß. Mit anderen Worten, die empirische Untersuchung von Bewußtseinsprozessen in der »Wissenschaft des Schließens« wird stets dadurch angeleitet, was für das Aufstellen von logischen Gesetzen und Schlußregeln in der »Kunst des Schließens« als erforderlich betrachtet wird. Aus diesem Grund analysiert die »Wissenschaft des Schließens« Bewußtseinsprozesse nicht wie die Psychologie bis in ihre letzten Bestandteile, sondern untersucht sie nur soweit, wie es für die Beschreibung des Unterschieds zwischen logisch korrekten und inkorrekten Schlüssen erforderlich ist. (Ebd. 12 ff.)

Damit stellt sich die Frage, wie Mill den Geltungsanspruch von logischen Gesetzen und Schlußregeln beziehungsweise deren Status als präskriptiver Aussagen erklären kann.[5] Wenn sich die Logik als »Kunst des Schließens« ausschließlich auf die empirische Untersuchung von Bewußtseinsprozessen stützt, dann kann sie nicht ermitteln, welche logischen Gesetze und Schlußregeln gelten und welche Schlüsse logisch korrekt und welche inkorrekt sind. Denn auf der Grundlage einer empirischen Untersuchung des Bewußtseins kann nicht begründet werden, welche logischen Gesetze und Schlußregeln befolgt werden *sollen*. Folglich muß die Logik als »Kunst des Schließens« bereits das Wissen darüber voraussetzen, welche logischen Gesetze und Schlußregeln gültig sind. Weil dieses Wissen nicht aus der Logik als »Wissenschaft des Schließens« stammen kann, stellt sich die Frage nach dem Grund dieses Wissens. Im Zusammenhang mit der Erörterung der Psychologismuseinwände wird weiter unten auf dieses für Mills Logikkonzeption wichtige Problem näher eingegangen.

Die Aufgabe der Logik als »Kunst des Schließens« kennzeichnet Mill näher dadurch, daß sie anhand logischer Gesetze und Schlußregeln überprüft, ob bestimmte Aussagen aus anderen Aussagen logisch korrekt herleitbar sind.

In diesem Sinne faßt Mill die Logik als eine *testende* Disziplin auf:

»Logik ist ... die Wissenschaft der Probe oder des Beweises. Insoweit als eine Überzeugung von sich behauptet, auf Beweise gegründet zu sein, ist es die Aufgabe der Logik, einen Test zur Ermittlung bereitzustellen, ob die Überzeugung gut begründet ist oder nicht.« (SL 9)

Da die wesentliche Aufgabe der Logik als »Kunst des Schließens« demnach im Testen von Argumenten besteht, betrachtet Mill die von ihr aufgestellten logischen Gesetze und Schlußregeln nicht als *Entdeckungsregeln*, sondern ausschließlich als *Begründungsregeln*: Sie werden demnach nicht zum regelgeleiteten Auffinden neuer Aussagen, sondern ausschließlich zum Überprüfen der logischen Korrektheit von Begründungen verwendet. (Ebd. 10)[6]

In der ersten Hälfte des 19. Jahrhunderts werden in der angelsächsischen Philosophie hauptsächlich die beiden folgenden Positionen bezüglich des Gegenstandsbereichs der Logik vertreten:[7] Einerseits wird Logik in Orientierung an der scholastischen Logik als Syllogistik verstanden, die sich ausschließlich mit den formalen Regeln für korrektes deduktives Schließen befaßt. Dieses Logikverständnis, dem zufolge allein deduktives Schließen im Rahmen der Logik untersucht und induktives Schließen aus dem Bereich der Logik ausgegrenzt wird, wird beispielsweise von William Hamilton in dessen *Vorlesungen über Metaphysik und Logik* (1859-60) und von Richard Whately in den *Elementen der Logik* (1825) vertreten. (SL 15 f. Anm., 206 f.) Andererseits wird eine Logikkonzeption diskutiert, die auf Francis Bacons *Novum Organon Scientiarum* (1620) zurückgeht[8] und die seit John Lockes *Versuch über den menschlichen Verstand* (1689) bis in die zweite Hälfte des 19. Jahrhunderts in England dominierte.[9] Diese Konzeption unterscheidet sich von der zuerst genannten Position darin, daß nicht das deduktive, sondern das induktive Schließen als der Hauptgegenstand der Logik betrachtet wird. Unter dem Einfluß des Empirismus werden in dieser Konzeption Logik und Erkenntnistheorie eng miteinander verbunden und die Untersuchung der Geltungsgründe und der Methoden des induktiven Schließens in den Mittelpunkt der Logik gestellt, während die Untersuchung des deduktiven Schließens in der traditionellen Syllogistik von diesem Logikverständnis als für den Erwerb neuen Wissens wertlos betrachtet und daher aus der Logik ausgegrenzt wird.

In seiner Logikkonzeption bemüht sich Mill darum, diese beiden gegensätzlichen Positionen in Übereinstimmung zu bringen. Zum einen wendet er sich daher gegen die Beschränkung der Logik auf die Untersuchung deduktiven Schließens und rechnet statt dessen das induktive Schließen ebenfalls zum Bereich der Logik. (SL 4 f.) Zum anderen hat die Einbeziehung induktiven Schließens in die Logik bei Mill nicht zur Folge, daß die Syllogistik aus dem Bereich der Logik ausgegrenzt wird, obwohl für ihn die Untersuchung des induktiven Schließens gegenüber der des deduktiven Schließens von wesentlich größerer Wichtigkeit ist. Weil Mill damit sowohl deduktives als auch induktives Schließen im Rahmen der Logik thematisiert, benötigt er zwei verschiedene Klassen formaler Regeln, anhand derer die Korrektheit dieser verschiedenen Typen von Schlüssen überprüft werden kann. Als formale Regeln zur Prüfung der Korrektheit deduktiver Schlüsse übernimmt Mill die von der Syllogistik beschriebenen Schlußregeln, die von ihm im zweiten Buch des *Systems der Logik* kurz dargestellt werden. (Kap. II) Während Mill der Syllogistik nur wenig Bedeutung beimißt, richtet sich sein Hauptinteresse auf die Entwicklung einer Methodologie der Induktion, anhand derer die Korrektheit induktiver Schlüsse überprüft werden kann. Aus diesem Grund stellt die Beschreibung und Begründung der induktiven Methodologie im dritten Buch des *Systems der Logik* das Kernstück von Mills Überlegungen dar. (Kap. VIII u. IX)

Die Syllogistik wird von Mill daher im Unterschied zu Hamilton und Whately nicht mit der gesamten Logik gleichgesetzt, sondern als einer ihrer Teilbereiche betrachtet. Er bezeichnet sie als »formale Logik« und als »Logik der Konsistenz«, weil im Rahmen der Syllogistik formale Regeln aufgestellt werden, anhand derer die Konsistenz deduktiver Schlüsse geprüft werden kann. (SL 206 ff.) Die gesamte Logik, in der die formale Logik als Teil enthalten ist, bezeichnet Mill als »Logik der Wahrheit«. Ihre Aufgabe soll darin bestehen, Prinzipien bereitzustellen, anhand derer die Wahrheit von Aussagen geprüft wird.

»Die Logik, so wie ich sie verstehe, ist die vollständige Theorie der Ermittlung [ascertainment] erschlossener oder gefolgerter Wahrheiten. Die formale Logik ... ist daher ein sehr untergeordneter Teil von ihr, der nicht direkt den Prozeß des Schließens oder Schlußfolgerns in dem Sinne behandelt, in dem dieser Prozeß ein Teil der Ermittlung [investigation] der Wahrheit ist.« (Ebd. 206)

Aufgrund dieser Bestimmung der Logik als »Logik der Wahrheit« kann Mill Fragestellungen zur Logik rechnen, die gemäß dem gegenwärtig gängigen Logikverständnis nicht zur Logik gehören. Neben der Syllogistik und seiner Methodologie der Induktion zählt er daher ebenfalls erkenntnistheoretische und semantische Untersuchungen der Begriffs- und Aussagenbedeutung zur Logik. Dies begründet er dadurch, daß sich deduktive und induktive Schlüsse aus Aussagen und diese wiederum aus Begriffen zusammensetzen und daß es zur Bestimmung der Wahrheit deduktiver und induktiver Schlüsse erforderlich ist, die Bedeutung ihrer Bestandteile zu kennen. Die Logik wird daher von Mill im Sinne einer »Logik der Forschung« beziehungsweise einer »Logik der Wissenschaften« aufgefaßt, die diejenigen Prinzipien enthält, die für die wissenschaftliche Suche nach Wahrheit benötigt werden. Damit wird verständlich, aus welchem Grund Mill im ersten Buch des *Systems der Logik* zur Vorbereitung seiner Überlegungen zum deduktiven und induktiven Schließen die Bestandteile von Schlüssen – Begriffe und Aussagen – im Rahmen erkenntnistheoretischer und semantischer Untersuchungen thematisiert und nach der Erörterung des deduktiven Schließens zur Begründung der induktiven Methodologie erkenntnistheoretische und methodologische Überlegungen anstellt.

Als nächstes stellt sich die Frage nach dem Kriterium, anhand dessen er bestimmte philosophische Fragestellungen aus dem Bereich der Logik ausgrenzt und derjenigen Disziplin zurechnet, die er als »Metaphysik« bezeichnet. Mills Logikkonzeption liegt eine Unterscheidung zwischen zwei Typen von Wissen zugrunde, die hier als Unterscheidung zwischen *inferentiellem* und *nicht-inferentiellem Wissen* bezeichnet wird. (SL 6 ff.) Diese Unterscheidung, die als vollständige Unterscheidung den gesamten Bereich des Wissens umfassen soll, differenziert zwischen Typen von Wissen anhand des Kriteriums, ob eine wahre Aussage prinzipiell aus einer anderen wahren Aussage logisch herleitbar ist oder nicht. Während das inferentielle Wissen aus wahren Aussagen besteht, die aus anderen wahren Aussagen herleitbar sind, ist das nicht-inferentielle Wissen dadurch ausgezeichnet, daß es aus wahren Aussagen besteht, die nicht logisch hergeleitet werden können. Daher ist inferentielles Wissen dadurch gekennzeichnet, daß es prinzipiell anderes inferentielles oder nicht-inferentielles Wissen logisch voraussetzt, aus dem es durch Deduktion oder Induktion erschlossen werden kann. Im Unterschied dazu zeichnet sich nicht-inferentielles Wissen dadurch aus, daß es im logischen Sinne vollständig voraussetzungslos ist und gänzlich auf Anschauung oder unmittelbarem Bewußtsein beruht. Das nicht-inferentielle Wissen besteht Mill zufolge aus unmittelbaren Informationen über die Wirklichkeit wie beispielsweise Sinnesdaten und bildet die notwendige Voraussetzung für alles inferentielle Wissen. Ohne nicht-inferentielles Wissen kann es demnach kein Wissen geben. Die Logik beschäftigt sich Mill zufolge ausschließlich mit denjenigen Prinzipien, nach denen inferentielles Wissen aus anderem Wissen durch deduktive oder induktive Schlüsse abgeleitet wird. Hingegen wird nicht im Rahmen der Logik, sondern in der von Mill als »Metaphysik« bezeichneten Disziplin untersucht, wodurch nicht-inferentielles Wissen zustande kommt und worauf es beruht. Weil Mill das nicht-inferentielle Wissen als einen Wissenstyp betrachtet, der sich ohne Vermittlung durch anderes Wissen direkt auf die Wirklichkeit bezieht, zählt er hauptsächlich bestimmte erkenntnistheoretische Fragestellungen zur »Metaphysik«: Unter diesem Begriff versteht Mill damit eine Erkenntnistheorie, die sich primär mit Fragestellungen befaßt, die im Zusammenhang mit der Frage nach dem Realitätsbezug beziehungsweise Realitätsgehalt nicht-inferentiellen Wissens stehen. Folglich grenzt Mill solche erkenntnistheoretischen Fragestellungen aus dem Bereich der Logik aus, die Probleme des Realitätsgehalts von Wissen betreffen.

Im Anschluß an die Darstellung dieser Überlegungen soll auf die Frage eingegangen werden, ob der gegen Mills Logikverständnis gerichtete Psychologismusvorwurf berechtigt ist. Im folgenden werden die beiden gängigsten Varianten beschrieben.

Der Eindruck, daß Mill eine psychologistische Logikkonzeption vertritt und damit logische und psychologische Fragestellungen und Behauptungen miteinander identifiziert, wird durch seine oben dargestellten Überlegungen zur Logikdefinition nahegelegt, wonach die psychologische Untersuchung von mentalen Prozessen im Rahmen der Logik als »Wissenschaft des Schließens« die Grundlage für die Entwicklung logischer Gesetze und Schlußregeln in der Logik als »Kunst des Schließens« sein soll. Aus diesem Grund behauptet beispielsweise Peirce in seinen frühen *Harvard*- und *Lowell-Vorlesungen* von 1865/66 und auch Husserl sowohl in den *Logischen Untersuchungen* (1900-1901) als auch in der Arbeit *Formale und transzendentale Logik* (1929), daß Mill ein psychologistisches Logikverständnis vertritt.[10] Die

24

Kritik, die Gottlob Frege in den *Grundlagen der Arithmetik* (1884) an psychologistischen Logikkonzeptionen übt, wird in diesem Zusammenhang nicht thematisiert, weil sich diese Kritik nicht gegen Mills Logikverständnis richtet.[11] Frege wirft Mill nicht vor, ein psychologistisches Logikverständnis zu vertreten, sondern er kritisiert dessen naturalistische Konzeption der Arithmetik, wonach diese eine empirische Wissenschaft sein soll. Aus diesem Grund argumentiert Frege gegen Mills These, daß die Gesetze der Arithmetik empirische Wahrheiten sind und daß sich die Begriffe der Arithmetik auf physische Tatsachen beziehen. Überträgt man diese Kritik Freges auf Mills Logikkonzeption, dann lehnt Frege es zwar ab, Logik als empirische Wissenschaft zu betrachten. Aber er behauptet nicht, daß Mill ein psychologistisches Logikverständnis vertritt. Im folgenden wird zuerst auf Husserls Einwand und anschließend auf einen zweiten Einwand eingegangen, der neben anderen Kritikern, darunter auch Peirce, besonders deutlich von John Richards erhoben wurde.[12]

1. Laut Husserls Kritik in der Arbeit *Formale und transzendentale Logik* (1929) entwickelt Mill in seinen Schriften eine psychologistische Logikkonzeption, weil er die Unterscheidung zwischen logischen und psychologischen Entitäten vernachlässigt, indem er Urteile als mentale Akte und Bedeutungen als mentale Entitäten im Rahmen der Logik untersucht.[13] Dieser Einwand trifft auf Mills Logikkonzeption deshalb nicht zu, weil sich Mill im *System der Logik* selber ausdrücklich gegen die von Husserl kritisierte Gleichsetzung logischer und psychologischer Entitäten wendet. (SL 87 ff.) Zum einen weist Mill darauf hin, daß in der Logik nicht Urteils*akte* als mentale Phänomene, sondern dasjenige untersucht wird, was in Urteilen enthalten ist: die Propositionen. Er kritisiert daher Descartes, Locke und Leibniz, die seiner Meinung nach den Unterschied zwischen Urteilsakten und den in Urtei-

len enthaltenen Propositionen nicht berücksichtigt haben. Zum anderen wendet sich Mill insbesondere gegen die Auffassung, der zufolge die Bedeutungen von Begriffen mentale Repräsentationen, nämlich Vorstellungen (ideas) sind. Mill zufolge kann die Untersuchung von Vorstellungen, die beim Urteilen im Bewußtsein zueinander in Beziehung gesetzt werden, keinen Aufschluß darüber geben, worin die Bedeutung von Aussagen besteht. Damit bezieht Mill ausdrücklich gegen diejenige Version des Psychologismus Stellung, die ihm von Husserl vorgeworfen wird.

2. Der zweite Einwand gegen Mills Logikverständnis bezieht sich auf die folgende Passage aus Mills Arbeit *Eine Prüfung der Philosophie von Sir William Hamilton*, in der die Logik ausdrücklich als Teildisziplin der Psychologie beschrieben wird.

»Ich betrachte es als wahr, daß Logik nicht die Theorie des Denkens als Denken, sondern des gültigen Denkens, nicht vom Denken, sondern vom korrekten Denken ist. Sie ist keine von der Psychologie verschiedene und mit ihr gleichwertige Wissenschaft. Insoweit, als sie überhaupt eine Wissenschaft ist, ist sie ein Teil oder Zweig der Psychologie; sie unterscheidet sich von ihr einerseits, wie sich ein Teil vom Ganzen unterscheidet, und andererseits, wie sich eine Kunst von einer Wissenschaft unterscheidet. Ihre theoretischen Grundlagen sind vollständig von der Psychologie entliehen, und sie enthalten so viel von dieser Wissenschaft, wie erforderlich ist, um die Regeln dieser Kunst zu begründen. Die Logik muß von der Wissenschaft des Denkens nicht mehr wissen, als den Unterschied zwischen gutem und schlechtem Denken.« (EH 359)

Diese Passage stimmt mit den oben dargestellten Behauptungen Mills überein, wonach logische Gesetze und Schlußregeln auf der Grundlage empirischer Untersuchungen aufgestellt werden. Zum einen umfaßt die Logik als »Wissenschaft des Schließens« einen Teilbereich der Psychologie, weil sie diejenigen Bewußtseinsprozesse untersucht, die beim korrekten Schließen stattfinden. Insoweit ist die Logik eine Teildisziplin der Psychologie. Zum anderen stellt die Logik als »Kunst des Schließens« auf der Grundlage empirischer Untersuchungen logische Gesetze und Schlußregeln auf. Insofern unterscheidet sich die Logik von der Psychologie, wie sich eine Kunst und eine Wissenschaft voneinander unterscheiden. Diese Konzeption des Verhältnisses von Logik und Psychologie ist eine Folge von Mills naturalistischer Konzeption von Wissenschaft. John Richards zufolge, auf dessen Kritik im folgenden eingegangen werden soll, kann Mills Ansatz aus zwei Gründen als psychologistischer Ansatz bezeichnet werden:[14]

1. Logische Gesetze wie beispielsweise der Satz vom Widerspruch werden von Mill als empirische Gesetze betrachtet, die im Zuge empirischer Verallgemeinerung aufgestellt werden. (SL 277) Weil laut Mill logische Gesetze im Zuge der Untersuchung psychologischer Zusammenhänge entwickelt werden, beschreiben sie psychologische Gesetzmäßigkeiten. Damit vertritt Mill eine *reduktionistische* These, wonach logische Gesetze auf psychologische Gesetze reduziert werden können. Die Annahme, daß Mill diese reduktionistische These behauptet, wird zusätzlich dadurch gestützt, daß er logische Gesetze als »Denkgesetze« bezeichnet. (EH 381) Unter der Voraussetzung, daß Mill diese psychologistische Logikkonzeption vertritt, ist er mit dem Problem konfrontiert, daß logische Gesetze im allgemeinen nicht als Beschreibungen psychologischer Gesetzmäßigkeiten, sondern als rein formale Prinzipien aufgefaßt werden.

2. Da logische Gesetze für Mill deskriptive Aussagen sind, die psychologische Gesetzmäßigkeiten empirisch beschreiben, können sie nur den Anspruch auf psychologische Verbindlichkeit erheben. Sie können damit nicht die Geltung beanspruchen, die ihnen als präskriptiven Aussagen normalerweise zugestanden wird. Damit wird

Mills Logikkonzeption mit der zusätzlichen Schwierigkeit konfrontiert, daß sie den Status logischer Gesetze als präskriptiver Aussagen nicht erklären kann: Im Rahmen seiner psychologistischen Logikkonzeption kann nicht erklärt werden, warum das Befolgen der logischen Gesetze für das Denken verbindlich sein soll.

Die Frage, ob Mill ein psychologistisches Logikverständnis in dem von Richards präzisierten Sinne vertritt, kann aus Platzgründen im Rahmen dieser Einführung nicht entschieden werden. Um zu verdeutlichen, daß diese Frage kontrovers diskutiert wird, soll statt dessen kurz auf eine Argumentation von Geoffrey Scarre eingegangen werden, in der mit Bezugnahme auf die Überlegungen von Richards dafür argumentiert wird, daß Mills Logikkonzeption nicht in dem dargestellten Sinne als psychologistisch bezeichnet werden kann.[15]

Scarre wendet sich sowohl gegen Richards' These, daß Mill logische Gesetze auf Beschreibungen psychologischer Gesetzmäßigkeiten reduziert, als auch dagegen, daß logische Gesetze in Mills Logikkonzeption nicht den Status präskriptiver, sondern nur deskriptiver Aussagen besitzen können. Dazu stellt er die Interpretationshypothese auf, daß der Psychologiebegriff Mills im Unterschied zum gegenwärtig gängigen Psychologieverständnis nicht nur die deskriptive, sondern auch die präskriptive Theorie des Denkens umfaßt. Setzt man diesen erweiterten Psychologiebegriff voraus, dann kann die Logik als Teil der Psychologie betrachtet werden, ohne daß dabei zwangsläufig die logischen Gesetze auf Beschreibungen psychologischer Gesetzmäßigkeiten reduziert werden. Die logischen Gesetze gehören demnach zu demjenigen Teil der Psychologie, der die präskriptive Theorie des Denkens enthält. Zur Begründung dieser Interpretation bezieht sich Scarre hauptsächlich auf die im *System der Logik* enthaltenen Ausführungen Mills darüber, wie der Satz vom Widerspruch durch empirische Verallgemeinerung aufgestellt wird. (SL 277) Gemäß der Interpretation Scarres wird der Satz vom Widerspruch zwar im Zusammenhang mit der psychologischen Beobachtung erlernt, daß man zwei kontradiktorischen Behauptungen nicht zugleich zustimmen kann, dies soll aber noch kein hinreichender Grund dafür sein, den Satz vom Widerspruch als Beschreibung psychologischer Gesetzmäßigkeiten zu interpretieren.[16] Scarre stützt seine Behauptung darauf, daß Mill an keiner Stelle ausdrücklich von logischen Gesetzen als Beschreibungen psychologischer Zusammenhänge spricht, sondern sie statt dessen als »Gesetze aller Phänomene« und als »Gesetze der Existenz« bezeichnet, die sich auf den gesamten Bereich empirischer Phänomene erstrecken. (EH 382) Dies spricht laut Scarre dafür, die logischen Gesetze als präskriptive Aussagen zu interpretieren, die selber keine empirischen Phänomene beschreiben, sondern die bei der Beschreibung aller empirischen Phänomene berücksichtigt werden müssen. Nicht gelöst wird aber auch in Scarres Interpretation das Problem, wie in der Psychologie als empirischer Wissenschaft neben deskriptiven Aussagen ebenfalls präskriptive Aussagen aufgestellt und begründet werden können. Das für Mills Logikkonzeption zentrale Problem, das in der Schwierigkeit besteht, wie der Status logischer Gesetze als präskriptiver Aussagen auf der Grundlage empirischer Untersuchungen begründet werden kann, wird damit von Scarre lediglich von der Logik in die Psychologie verlegt.

Zusammenfassend kann festgehalten werden, daß Mill neben den Prinzipien der formalen Logik semantische, erkenntnistheoretische und methodologische Konzeptionen in seine Logik einbezieht, weil er Logik nicht als formale Logik, sondern als Logik der wissenschaftlichen Forschung betrachtet. Wenn an dieser Stelle auch die Frage offen gelassen werden muß, ob Mill im Sinne der dargestellten Kritik von Richards eine psychologistische Logikkonzeption vertritt, so ist doch deutlich geworden, daß das theoretische Motiv Mills dafür, Logik auf Psychologie zu gründen, in seinem Bemühen um eine naturalistische Konzeption von Wissenschaft besteht: Die Logik wird von Mill in Beziehung zur empirischen Psychologie gesetzt, weil die Logik selber eine empirische Wissenschaft sein soll, deren Prinzipien auf dem empirischen Wissen von Bewußtseinsprozessen beruhen. Da sich Mill an verschiedenen Stellen im *System der Logik* ausdrücklich für die Trennung logischer und psychologischer Fragestellungen ausspricht, ist zudem die Annahme begründet, daß er nicht beabsichtigt, eine psychologistische Logikkonzeption zu vertreten. (SL 87 ff., 563)

2.3 Mills Konzeption der Begriffs- und Aussagenbedeutung

Im ersten Buch des *Systems der Logik* entwickelt Mill seine Theorie der Begriffs- und Aussagenbedeutung. Diese Bedeutungstheorie bildet die Grundlage seiner Überlegungen zum deduktiven und induktiven Schließen im zweiten und dritten Buch des *Systems der Logik*. Die Bedeutungstheorie wird von Mill der Untersuchung des Schließens vorangestellt, weil Sprache das Instrument des Schließens ist. Da sich die Logik mit Schlüssen befaßt und weil kein Schließen ohne Sprache möglich ist, stellt laut Mill die bedeutungstheoretische Untersuchung der Sprache eine notwendige Voraussetzung für die Untersuchung des Schließens dar. (SL 19) Bei einer solchen Untersuchung der Sprache muß Mill zufolge mit der Analyse von Begriffsbedeutungen begonnen werden, weil die Aussagenbedeutung von der Bedeutung der Begriffe abhängig sein soll. (Ebd. 20)

Den bedeutungstheoretischen Überlegungen im ersten Buch des *Systems der Logik* liegt das theoretische Motiv Mills zugrunde, die semantische Unterscheidung zwischen *verbalen* und *wirklichen* Aussagen zu entwickeln.[17] Diese Unterscheidung, sowie die auf ihr aufbauende Unterscheidung zwischen *scheinbaren* und *wirklichen* Schlüssen, ist für Mills Ansatz von zentraler Bedeutung, weil beide Unterscheidungen unentbehrliche Voraussetzungen seiner empiristischen Erkenntnistheorie und seiner naturalistischen Konzeption der Wissenschaft darstellen. Im folgenden wird zuerst Mills Konzeption der Begriffsbedeutung dargestellt, wobei seine Theorie der Denotation und Konnotation im Mittelpunkt steht. Anschließend wird beschrieben, wie sich Mill zufolge die Bedeutung von Aussagen aus der Bedeutung von Begriffen zusammensetzt. In diesem Zusammenhang wird ebenfalls der Unterschied zwischen verbalen und wirklichen Aussagen thematisiert.

Zuerst definiert Mill mit Bezug auf den Umfang von Begriffen den Unterschied zwischen *allgemeinen* und *singulären* Begriffen: (SL 27 ff.) Demnach sind allgemeine Begriffe dadurch gekennzeichnet, daß sie sich auf eine unbestimmt große Anzahl von Objekten beziehen, denen mindestens eine Eigenschaft gemeinsam ist. Als Beispiel führt er den allgemeinen Begriff »Mensch« an, der diejenigen Objekte bezeichnet, auf die bestimmte Eigenschaften wie beispielsweise Rationalität und Zweibeinigkeit zutreffen. Unter allgemeinen Begriffen versteht Mill daher Prädikate, die unter Bezugnahme auf Eigenschaften Klassen von Objekten definieren. Im Unterschied zu allgemeinen Begriffen beziehen sich singuläre Begriffe wie beispielsweise Eigennamen jeweils nur auf ein Objekt. Allgemeine und singuläre Begriffe unterscheiden sich Mill zufolge nicht nur hinsichtlich ihres Begriffsumfangs, sondern ebenfalls in ihrer Funktion: Während allgemeine Begriffe hauptsächlich dazu verwendet werden, um Objekten Eigenschaften zuzuschreiben, besitzen singuläre Begriffe diese Funktion nicht. Zum Beispiel kann der allgemeine Begriff »Mensch« dazu verwendet werden, bestimmten Individuen Rationalität und Zweibeinigkeit zuzuschreiben. Bezeichnet man hingegen ein bestimmtes Individuum mit dem singulären Begriff »John«, dann schreibt man ihm mit diesem Eigennamen keine Eigenschaften zu.

Zweitens differenziert Mill mit Bezugnahme auf einen ontologischen Unterschied hinsichtlich verschiedener Typen von repräsentierten Objekten zwischen *konkreten* und *abstrakten* Begriffen: (Ebd. 29 f.) Dazu führt er die ontologische Unterscheidung zwischen Dingen und Eigenschaften ein. Konkrete Begriffe wie beispielsweise die Begriffe »John«, »das Meer« und »dieser Tisch« repräsentieren demnach ausschließlich Dinge. Im Unterschied dazu sollen abstrakte Begriffe ausschließlich Eigenschaften repräsentieren. Dabei ist zu beachten, daß Mill zufolge nicht der Begriff »weiß«, sondern ausschließlich dessen nominalisierte Form: »das Weiße« beziehungsweise »Weißheit« ein abstrakter Begriff ist, der die Eigenschaft, weiß zu sein, repräsentiert. Hingegen betrachtet er den Begriff »weiß« als konkreten Begriff, der nicht die Eigenschaft, weiß zu sein, sondern alle weißen Dinge repräsentiert.

Diese beiden Unterscheidungen verhalten sich zueinander neutral, weshalb durch Kombination vier Gruppen von Begriffen gebildet werden können. Zu den konkreten und singulären Begriffen zählen Mill zufolge Begriffe wie »John« und »das Meer«. Konkrete und allgemeine Begriffe sind beispielsweise »weiß« und »Mensch«. Zu den abstrakten und singulären Begriffen zählen solche Begriffe, die sich nur auf eine Eigenschaft beziehen, wie zum Beispiel »Sichtbarkeit« oder »Gleichheit«. Hingegen rechnet Mill zu den abstrakten und allgemeinen Begriffen diejenigen Begriffe, die sich, wie beispielsweise der Begriff »Farbe«, auf eine unbestimmte Anzahl von Eigenschaften beziehen.

Die dritte Unterscheidung, mit der Mill zwischen *konnotativen* und *nicht-konnotativen* Begriffen unterscheidet, ist zum einen die interessanteste seiner Unterscheidungen zwischen Begriffstypen, weil sie im Unterschied zu den vorangegangenen Unterscheidungen weitgehend Mills eigene Konstruktion ist. (SL 30 ff.)[18] Zum anderen ist sie aufgrund ihrer Konsequenzen für Mills Konzeption der Aussagenbedeutung von besonderer Relevanz. Der Unterscheidung zwischen konnotativen und nicht-konnotativen Begriffen liegt die Unterscheidung zwischen zwei Formen der begrifflichen Repräsentation zugrunde: Mill differenziert zwischen einer »direkten« Weise des Repräsentierens, die er »Denotieren«, und einer »indirekten« Weise, die er »Konnotieren« nennt. Beispielsweise denotiert der Begriff »Mensch« alle Individuen, die zu dessen Begriffsumfang beziehungsweise zu dessen »Denotation« zählen, und er konnotiert diejenigen Eigenschaften, die zu seinem Begriffsinhalt beziehungsweise zu seiner »Konnotation« gehören:

»Das Wort Mensch bezeichnet deshalb alle diese Eigenschaften [die allen Menschen gemeinsam sind; R.S.] und alle Subjekte, die diese Eigenschaften besitzen ... Aber es kann nur den Subjekten prädiziert werden ... nicht den Eigenschaften, die deren Menschsein konstituieren. Deshalb wird gesagt, daß der Begriff die Subjekte *direkt* und die Eigenschaften *indirekt* bezeichnet; er *denotiert* die Subjekte und impliziert oder ... *konnotiert,* wie im folgenden gesagt werden soll, die Eigenschaften. Es ist ein konnotativer Begriff.« (SL 32)

Als konnotative Begriffe werden diejenigen Begriffe bezeichnet, die wie zum Beispiel der Begriff »Mensch« sowohl konnotieren als auch denotieren. Konnotative Begriffe zeichnen sich dadurch aus, daß die Konnotation die Denotation bestimmt. Das heißt, daß der Begriffsumfang eines konnotativen Begriffs durch dessen Begriffsinhalt festgelegt wird. Beispielsweise wird die Denotation von »Mensch« durch die konnotierten Eigenschaften: Rationalität, Zweibeinigkeit etc. bestimmt. Diese Relation zwischen Konnotation und Denotation ist Mill zufolge asymmetrisch: Die Denotation kann daher nicht die Konnotation bestimmen. Zum einen können aus diesem Grund nur diejenigen Objekte zum Begriffsumfang eines konnotativen Begriffs gehören, welche die von dem betreffenden Begriff konnotierten Eigenschaften besitzen. (SL 31) Das Kriterium dafür, ob der Begriff »Mensch« auf bestimmte Individuen angewendet werden kann, besteht darin, ob diese Individuen über Rationalität verfügen, zweibeinig sind etc. Zum anderen sind konnotative Begriffe aus diesem Grund dazu in der Lage, Information zu vermitteln: Sie informieren darüber, welche Eigenschaften auf die von ihnen denotierten Objekte zutreffen. (Ebd. 34 ff.) Wenn zum Beispiel ein bestimmtes Individuum als Mensch bezeichnet wird, dann wird dadurch die Information vermittelt, daß es über Rationalität verfügt, zweibeinig ist etc.

Im Unterschied zu konnotativen Begriffen sind nichtkonnotative Begriffe dadurch gekennzeichnet, daß sie ausschließlich denotieren: Sie besitzen nur einen Begriffsumfang, aber keinen Begriffsinhalt. Aus diesem Grund kann die Denotation nicht-konnotativer Begriffe nicht durch konnotierte Eigenschaften bestimmt werden, sondern sie wird wie beispielsweise bei Eigennamen, die Mill zu den nicht-konnotativen Begriffen zählt, durch Konventionen und andere vom Begriffsinhalt unabhängige Bestimmungen festgelegt. (Ebd. 33, 35) Die Funktion nicht-konnotativer Begriffe kann aufgrund ihrer fehlenden Konnotation nicht darin bestehen, Information zu übermitteln, sondern sie liegt statt dessen darin, als Individuenkonstanten Objekte zu bezeichnen, damit diese sprachlich voneinander unterschieden werden können. Mill vergleicht daher nicht-konnotative Begriffe mit Markierungen, die der Unterscheidung von Objekten dienen.

Diese Unterscheidungsfunktion kann ebenfalls von konnotativen Begriffen übernommen werden, wenn diese Begriffe Eigenschaften konnotieren, die ausschließlich auf ein bestimmtes Objekt zutreffen. Dies ist beispielsweise bei den konnotativen Begriffen »der einzige Sohn von John Stiles« und »der erste Herrscher Roms« der Fall. (Ebd. 33 f.) Solche konnotativen Begriffe, die im Anschluß an Bertrand Russells Aufsatz *Über das Kennzeichnen* (1905) als Kennzeichnungen bezeichnet werden,[19] gleichen nicht-konnotativen Begriffen zwar darin, daß sie genau ein Objekt denotieren. Aber sie unterscheiden sich von ihnen dadurch, daß bei Kennzeichnungen die Denotation durch eine Konnotation festgelegt wird.

Der hauptsächliche Unterschied zwischen konnotativen und nicht-konnotativen Begriffen besteht also darin, daß ausschließlich konnotative Begriffe Informationen vermitteln können. Aufgrund ihres Informationsgehalts verfügen Mill zufolge konnotative Begriffe über Bedeutung (meaning). (SL 34) Nicht-konnotative Begriffe besitzen demnach keine Bedeutung, weil sie keinen Informationsgehalt haben. Da dieser Unterschied hinsichtlich des Informations- und Bedeutungsgehalts zwischen konnotativen und nicht-konnotativen Begriffen dadurch zustande kommt, daß ausschließlich konnotative Begriffe über Konnotation verfügen, besteht laut Mill die Bedeutung von Begriffen in deren Konnotation.

Von dieser allgemeinen Regel, der zufolge nur konnotative Begriffe eine Bedeutung besitzen und diese Bedeutung in der Konnotation besteht, macht Mill allerdings eine Ausnahme. Zu den konnotativen Begriffen rechnet er konkrete allgemeine Begriffe wie zum Beispiel »Mensch«, einige konkrete singuläre Begriffe wie zum Beispiel die Kennzeichnung »der einzige Sohn von John Stiles« und abstrakte allgemeine Begriffe wie zum Beispiel »Farbe«. Neben diesen Typen von Begriffen gibt es aber noch abstrakte singuläre Begriffe wie zum Beispiel »Röte«: Obwohl Begriffe dieses Typs keine weiteren Eigenschaften konnotieren und damit zu den nicht-konnotativen Begriffen zählen, unterscheiden sie sich dennoch darin von anderen nicht-konnotativen Begriffen wie Eigennamen, daß sie Informationen vermitteln und damit eine Bedeutung besitzen. Um diesem Unterschied zwischen nicht-konnotativen Begriffen Rechnung zu tragen, behauptet Mill, daß die Bedeutung abstrakter singulärer Begriffe in deren Denotation besteht. (Ebd. 105) Er begründet diese These dadurch, daß es zu jedem abstrakten singulären Begriff wie zum Beispiel »Röte« einen konkreten allgemeinen Begriff wie zum Beispiel »rot« gibt: Weil die Bedeutung von »rot« in der konnotierten Eigenschaft der Röte besteht, kann laut Mill die Bedeutung des Begriffs »Röte« in der von ihm denotierten Eigenschaft der Röte liegen. Die Tatsache, daß Mill diese Ausnahme macht, ist aus dem Grund interessant, weil Mill damit seinen Bedeutungsbegriff nicht nur auf solche sprachlichen Entitäten einschränkt, die über Konnotation verfügen. Dies wird auch im Zusammenhang mit seiner Theorie der Aussagenbedeutung deutlich werden, die im folgenden dargestellt wird.

In Übereinstimmung mit der in der Logik bis in die zweite Hälfte des 19. Jahrhunderts dominierenden Konzeption von Aussagen, die später durch Freges Theorie abgelöst wurde,[20] bestimmt Mill die Grundform einfacher Aussagen,[21] unter denen er einfache Behauptungssätze versteht, als aus einem *Subjekt*, einem *Prädikat* und der *Kopula* »ist« zusammengesetzt:

»Jede Aussage besteht aus drei Teilen: dem Subjekt, dem Prädikat und der Kopula. Das Prädikat ist der Begriff, welcher denotiert, was affirmiert oder verneint wird. Das Subjekt ist der Begriff, der diejenige Person oder dasjenige Ding denotiert, von der oder von dem irgendetwas affirmiert oder verneint wird. Die Kopula ist das Zeichen, welches denotiert, daß eine Affirmation oder Negation gemacht wird...« (SL 21)[22]

Die Bedeutung von Aussagen ist Mill zufolge hauptsächlich von der Bedeutung des Subjekts und des Prädikats abhängig. Das Verfahren, nach dem die Aussagenbedeutung auf der Grundlage der Begriffsbedeutung bestimmt werden muß, beschreibt Mill folgendermaßen: Wenn Aussagen konnotative Begriffe enthalten, dann muß die Aussagenbedeutung mit Bezug auf deren Konnotation bestimmt werden.

»Wenn wir daher die Bedeutung irgendeiner Aussage analysieren, in der das Prädikat und das Subjekt, oder eines von beiden, konnotative Begriffe sind, so müssen wir ausschließlich die Konnotation dieser Begriffe betrachten, und nicht dasjenige, was sie *denotieren* ...« (Ebd. 91)

Das heißt, daß nur bei Aussagen, die denotative Begriffe enthalten, deren Denotation zur Bestimmung der Aussagenbedeutung herangezogen wird. Damit wird deutlich, daß nicht nur konnotative, sondern auch nicht-konnotative Begriffe zur Aussagenbedeutung beitragen können. Um die Bedeutung, die konnotative Begriffe aufgrund ihres Informationsgehalts besitzen, besser von derjenigen Bedeutung unterscheiden zu können, die sowohl konnotative als auch nicht-konnotative Begriffe dadurch besitzen, daß sie zur Aussagenbedeutung beitragen, wird diese zweite Bedeutung von mir in Anlehnung an Skorupski im folgenden als »semantischer Gehalt« bezeichnet.[23] Der semantische Gehalt von konnotativen Begriffen besteht demnach in deren Bedeutung, während der semantische Gehalt nicht-konnotativer Begriffe in deren Denotation besteht.

Mit der Behauptung, daß die Aussagenbedeutung sowohl von der Denotation als auch von der Konnotation der in Aussagen enthaltenen Begriffe abhängig ist, wendet sich Mill gegen die Theorie von Hobbes, der zufolge Aussagenbedeutungen ausschließlich mit Bezug auf die Denotation von Begriffen bestimmt werden können. (SL 90 ff.) Hobbes behauptet demnach, daß zum Beispiel die Aussage »Alle Menschen sind Lebewesen« bedeutet, daß der Begriff »Lebewesen« Objekte denotiert, die auch von dem Begriff »alle Menschen« denotiert werden. Hobbes' Konzeption ist Mill zufolge zwar dazu in der Lage, die Bedeutung von Identitätsaussagen wie »Tullius ist Cicero« zu beschreiben, aber als eine allgemeine Theorie der Satzbedeutung soll sie unzureichend sein. Mill kritisiert an dem Ansatz von Hobbes, daß darin nur die Denotation und nicht die Konnotation von Begriffen berücksichtigt wird. Die Konnotation muß laut Mill aber berücksichtigt werden, weil man sonst die unterschiedliche Weise, in der Eigennamen und Prädikate festgelegt werden, nicht erklären kann. Betrachtet man zum Beispiel den Satz »Sokrates ist weise«, dann bezeichnet der Begriff »Sokrates« ein bestimmtes Individuum, weil es auf diesen Namen getauft wurde. Hingegen bezeichnet der Begriff »weise« nicht eine Eigenschaft von Sokrates, weil man bei der Festlegung dieses Begriffs eine bestimmte Eigenschaft von Sokrates auf den Namen »weise« getauft hat. Statt dessen kann der Begriff »weise« aufgrund seiner Konnotation dem Sokrates prädiziert werden. Damit erklärt werden kann, warum sich Prädikate auf eine unbestimmt große Anzahl von Objekten beziehen können, ohne daß es bei der Definition der Prädikate notwendig ist, diese Objekte im einzelnen aufzuführen, muß nach Mill die Konnotation von Prädikaten berücksichtigt werden.

Mill beschreibt die Bedeutung von drei Typen von Aussagen, die sich hinsichtlich ihrer Zusammensetzung aus konnotativen und nicht-konnotativen Begriffen unterscheiden. Die Bedeutung dieser Aussagen setzt sich gemäß der folgenden drei Regeln aus dem semantischen Gehalt von Subjekt und Prädikat zusammen:

1. Eine Aussage, die wie die Aussage »Alle Menschen sind sterblich« vollständig aus konnotativen Begriffen besteht, bedeutet, daß die Objekte, welche die vom Subjekt konnotierten Eigenschaften besitzen, ebenfalls die vom Prädikat konnotierten Eigenschaften besitzen. (SL 97)
2. Eine Aussage, die wie die Aussage »Der Gipfel des Chimborazo ist weiß« aus einem nicht-konnotativen Subjekt und einem konnotativen Prädikat besteht, bedeutet, daß das Objekt, das durch das Subjekt denotiert wird, die Eigenschaften besitzt, die das Prädikat konnotiert. (Ebd.)
3. Eine Aussage, die wie die Aussage »Tullius ist Cicero« vollständig aus nicht-konnotativen Begriffen besteht, bedeutet, daß das Subjekt das gleiche Objekt denotiert, das auch vom Prädikat denotiert wird. (Ebd. 91)

Mit dieser Konzeption der Aussagenbedeutung sind die beiden folgenden Probleme verbunden: Erstens kritisiert Skorupski zu Recht, daß Mill die Funktion der drei dargestellten Regeln falsch beschreibt:[24] Die Funktion dieser Regeln ist es nicht, die Bedeutung der Aussagen *anzugeben* oder zu *nennen*, sondern zu *beschreiben*. Mill begeht demnach den Fehler, die Unterscheidung zwischen dem Verwenden (use) und dem Beschreiben (mention) von Bedeutungen nicht zu berücksichtigen. Folgt man Mills Darstellung der Funktion dieser Regeln, dann kennt man laut Skorupski zum Beispiel die Bedeutung des Satzes »Sokrates ist weise«, wenn man weiß, daß dieser Satz zu den Sätzen des zweiten Typs zählt: Man weiß, daß das von »Sokrates« denotierte Objekt die von »weise« konnotierten Eigenschaften besitzt, ohne daß dazu das Wissen davon erforderlich ist, welche Eigenschaften von »weise« konnotiert werden. Um diesen Fehler zu beheben, reformuliert Skorupski die obigen Regeln folgendermaßen:

1. Eine Aussage, die vollständig aus konnotativen Begriffen besteht, ist wahr genau dann, wenn die Objekte, welche die vom Subjekt konnotierten Eigenschaften besitzen, ebenfalls die vom Prädikat konnotierten Eigenschaften besitzen.

2. Eine Aussage, deren Subjekt ein nicht-konnotativer Begriff und deren Prädikat ein konnotativer Begriff ist, ist wahr genau dann, wenn das vom Subjekt denotierte Objekt die vom Prädikat konnotierten Eigenschaften besitzt.

3. Eine Aussage, die vollständig aus nicht-konnotativen Begriffen besteht, ist wahr genau dann, wenn das vom Subjekt denotierte Objekt auch vom Prädikat denotiert wird.

Die Bedeutung der Aussage »Sokrates ist weise« kann demnach folgendermaßen beschrieben werden: »Sokrates ist weise« ist wahr genau dann, wenn das von »Sokrates« denotierte Objekt die von »weise« konnotierten Eigenschaften besitzt.

Das zweite Problem von Mills Konzeption der Aussagenbedeutung besteht darin, daß sie dem Informationsgehalt von Identitätsaussagen wie »Tullius ist Cicero« nicht Rechnung tragen kann. Identitätsaussagen dieses Typs besitzen

Informationsgehalt, weil die Aussage »Tullius ist Cicero« nicht aus den beiden Aussagen »Tullius ist Tullius« und »Cicero ist Cicero« logisch hergeleitet werden kann. Wenn man die beiden zuletzt genannten Aussagen kennt und dann erfährt, daß Tullius Cicero ist, dann erhält man daher eine neue Information.

Um die Bedeutung solcher Identitätsaussagen beschreiben und deren Informationsgehalt Rechnung tragen zu können, führt Gottlob Frege in dem Aufsatz *Über Sinn und Bedeutung* (1892) die Unterscheidung zwischen dem Sinn und der Bedeutung von Begriffen und Aussagen ein.[25] Während demnach die Bedeutung logischer Eigennamen der bezeichnete Gegenstand und die Bedeutung von Prädikaten der bezeichnete Begriff ist, besteht deren Sinn in der »Weise des Gegebenseins« der Bedeutung. Daher besitzen zum Beispiel die Begriffe »Abendstern« und »Morgenstern« die gleiche Bedeutung: Beide bezeichnen den Planeten Venus. Der Sinn beider Begriffe ist aber verschieden, weil der Abendstern als derjenige Stern definiert ist, der zuerst am Nachthimmel erscheint, während man als Morgenstern denjenigen Stern bezeichnet, der am Morgenhimmel am längsten sichtbar ist. Diese Verschiedenheit des Sinnes von »Abendstern« und »Morgenstern« ist der Grund dafür, daß sich die beiden folgenden Aussagen hinsichtlich ihres Satzsinnes unterscheiden: »Der Abendstern ist der Abendstern«; »Der Abendstern ist der Morgenstern«. Beide Aussagen sind wahr und besitzen damit die gleiche Satzbedeutung, die laut Frege in dem Wahrheitswert der Aussagen besteht. Aber sie unterscheiden sich in ihrem Satzsinn, unter dem Frege den vom Satz ausgedrückten Gedanken versteht, weil der Sinn von »Abendstern« und »Morgenstern« verschieden ist.

Mill hingegen betrachtet Identitätsaussagen wie »Tullius ist Cicero« als Aussagen, die keinerlei Informationsgehalt besitzen, weil in diesem Fall Subjekt und Prädikat nicht-konnotative Begriffe sind, die keine Information vermitteln können. (SL 91, 109 f.) Statt dessen besteht der semantische

Gehalt dieser Begriffe in ihrer Denotation, weshalb der semantische Gehalt der beiden Begriffe »Tullius« und »Cicero«, die das gleiche Individuum denotieren, identisch ist. Aus diesem Grund spricht Mill allen Identitätsaussagen den Informationsgehalt ab und rechnet sie zu den »verbalen« Aussagen, die im Unterschied zu »wirklichen« Aussagen keinen Informationsgehalt besitzen sollen.

Die Unterscheidung zwischen verbalen und wirklichen Aussagen wird von Mill im Zusammenhang mit Überlegungen zur Realität von Modalitäten aufgestellt. (Ebd. 110 ff.) Dabei geht es um die Frage, ob die sogenannten essentiellen Eigenschaften, die Dingen in einer »Wesensdefinition« zugeschrieben werden, auf realen oder lediglich auf begrifflichen Modalitäten beruhen. Mit anderen Worten, es geht um die Frage, ob es realiter (de re) oder begrifflich (de dicto) unmöglich ist, daß bestimmte Dinge bestimmte Eigenschaften nicht besitzen. An dem Beispiel der Aussage »Alle Menschen verfügen über Rationalität« verdeutlicht Mill, daß die Eigenschaft der Rationalität den Menschen nur aufgrund begrifflicher und nicht aufgrund realer Notwendigkeit zukommt: Weil der Begriff »Mensch« so definiert ist, daß er die Eigenschaft der Rationalität konnotiert, kann kein Individuum als Mensch bezeichnet werden, das diese Eigenschaft nicht besitzt. Es existiert aber keine reale Modalität, wonach es realiter unmöglich ist, daß es Wesen geben kann, die sich nur darin von Menschen unterscheiden, daß sie keine Rationalität besitzen. Gegen die reale Möglichkeit solcher Wesen spricht nichts, aber man wird sie aufgrund ihrer fehlenden Rationalität nicht als Menschen bezeichnen können.

Aussagen wie »Alle Menschen verfügen über Rationalität«, in denen einem Subjekt ein Prädikat zugeschrieben wird, das dem Subjekt aufgrund seiner Definition zukommt, bezeichnet Mill als essentielle Aussagen. Mill unterscheidet essentielle Aussagen von akzidentellen Aussagen anhand des folgenden Kriteriums: Eine Aussage ist genau dann eine essentielle Aussage, wenn das Prädikat (mindestens) eine Eigenschaft konnotiert, die ebenfalls vom Subjekt konnotiert wird.

Akzidentelle Aussagen wie »Dieser Tisch ist braun« sind demnach dadurch gekennzeichnet, daß das Prädikat Eigenschaften konnotiert, die nicht vom Subjekt konnotiert werden. Aus diesem Unterschied zwischen essentiellen und akzidentellen Aussagen leitet Mill zwei weitere Unterschiede ab:

1. Nur akzidentelle Aussagen sind Mill zufolge dazu in der Lage, Informationen über die von ihnen denotierten Dinge und konnotierten Eigenschaften zu vermitteln. Weil zum Beispiel die vom Prädikat »braun« konnotierte Eigenschaft nicht vom Subjekt »dieser Tisch« konnotiert wird, ist die Aussage »Dieser Tisch ist braun« informativ. Im Unterschied dazu können essentielle Aussagen lediglich Informationen über die Definition von Begriffen vermitteln. Die Aussage »Alle Menschen verfügen über Rationalität« ist Mill zufolge keine Aussage über die Wirklichkeit, sondern über den Begriff »Mensch«. Aus diesem Grund bezeichnet Mill diese beiden Typen von Aussagen auch als wirkliche und als verbale Aussagen: Demnach besitzen ausschließlich wirkliche Aussagen Informationsgehalt bezüglich der Wirklichkeit, während verbale Aussagen lediglich Begriffe beschreiben.

2. Mill betrachtet ausschließlich wirkliche Aussagen als wahrheitsfunktional, weil nur diese Aussagen sich auf die Wirklichkeit beziehen. (SL 109) Hingegen sollen verbale Aussagen nicht wahrheitsfunktional sein, weil sie nur danach beurteilt werden können, ob sie bestimmte Definitionen und Bedeutungen in Übereinstimmung mit den sprachlichen Konventionen beschreiben. Damit wird deutlich, daß Mill ausschließlich wirkliche Aussagen als empirisch gehaltvolle Aussagen betrachtet, während den verbalen Aussagen jeder empirische Gehalt abgesprochen wird.

Identitätsaussagen wie »Tullius ist Cicero« erfüllen zwar das obige Kriterium nicht, weil sie keine konnotativen Begriffe enthalten, sie werden von Mill aber trotzdem zu den verbalen Aussagen gerechnet. (Ebd. 109 f.) Dabei stützt sich Mill darauf, daß Identitätsaussagen nicht Aussagen über Dinge und Eigenschaften, sondern über Begriffe sind. Die Aussage »Tullius ist Cicero« enthält demnach die Behauptung, daß die Begriffe »Tullius« und »Cicero« das gleiche Objekt denotieren. Sie enthält damit keine Information über Tullius und Cicero.

Mill setzt seine Unterscheidung zwischen verbalen und wirklichen Aussagen in Beziehung zu Kants Unterscheidung zwischen analytischen und synthetischen Urteilen und behauptet, daß beide die gleiche Differenz beschreiben. Kant stellt den Unterschied zwischen analytischen und synthetischen Urteilen in der *Kritik der reinen Vernunft* (1781) zum einen folgendermaßen dar:

»In allen Urteilen, worinnen das Verhältnis eines Subjektes zum Prädikat gedacht wird ..., ist dieses Verhältnis auf zweierlei Art möglich. Entweder das Prädikat B gehört zum Subjekt A als etwas, was in diesem Begriffe A (versteckter Weise) enthalten ist; oder B liegt ganz außer dem Begriff A, ob es zwar mit demselben in Verknüpfung steht. Im ersten Fall nenne ich das Urteil analytisch, in dem anderen synthetisch.«[26]

Dieser Unterscheidung zwischen analytischen und synthetischen Urteilen ist Mills Differenzierung verbaler von wirklichen Aussagen insofern ähnlich, als sie auf dem Kriterium beruht, ob die Konnotation des Prädikats bereits in der Konnotation des Subjekts enthalten ist oder nicht.

Zum anderen beschreibt Kant den Unterschied zwischen analytischen und synthetischen Urteilen mit Bezug auf den Satz des Widerspruchs. Mit dessen Hilfe können synthetische Urteile nur hinsichtlich ihrer Widersprüchlichkeit überprüft werden. Weil daraus, daß ein synthetisches Urteil nicht widersprüchlich ist, nicht dessen Wahrheit folgt, bezeichnet Kant den Satz des Widerspruchs als negatives Kriterium der Wahrheit synthetischer Urteile. Im Unterschied dazu soll der Satz des Widerspruchs ein positives Kriterium der Wahrheit analytischer Urteile sein:

»Man kann aber doch von demselben auch einen positiven Gebrauch machen, d.i. nicht bloß, um Falschheit und Irrtum ... zu verbannen, sondern auch Wahrheit zu erkennen. Denn, wenn ein Urteil analytisch ist, ... so muß dessen Wahrheit jederzeit nach dem Satze des Widerspruchs hinreichend erkannt werden können. Denn von dem, was in der Erkenntnis des Objekts schon als Begriff liegt und gedacht wird, wird das Widerspiel jederzeit richtig verneint, der Begriff selber aber notwendig von ihm bejahet werden müssen, darum weil das Gegenteil desselben dem Objekte widersprechen würde.«[27]

Analytische Urteile sind demnach wahr, wenn ihre Negation zu Widersprüchen führt. Diese Unterscheidung stimmt mit Mills Unterscheidung ebenfalls überein: Auch nach Mills Konzeption führt es zu Widersprüchen, wenn verbale Aussagen negiert werden, weil damit gegen die Definition von Begriffen verstoßen wird. Mills Unterscheidung weicht aber von der Kants zum einen in dem Punkt ab, daß Mill zwischen Aussagen und nicht zwischen Urteilen unterscheidet. Zum anderen geht Mill über Kant hinaus, indem er behauptet, daß nur wirkliche Aussagen sich auf die Wirklichkeit beziehen, während verbale Aussagen ausschließlich Begriffe beschreiben. Denn eine Unterscheidung hinsichtlich des Wirklichkeitsbezugs analytischer und synthetischer Urteile findet sich bei Kant in dem von Mill vertretenen Sinne nicht.

Im Zusammenhang mit Mills Logikverständnis wurde im vorangegangenen Abschnitt dargestellt, daß sich Mill gegen die Einbeziehung psychologischer Fragestellungen und Konzeptionen in die Logik wendet. Seine Kritik richtet sich hauptsächlich dagegen, Begriffsbedeutungen mit Vorstellungen und Aussagen mit Urteilsakten gleichzusetzen. Im Zuge dieser Psychologismuskritik stellt Mill ebenfalls Überlegungen zum Realitätsgehalt von Begriffen und Aussagen an, die seiner Konzeption der Begriffs- und Aussagenbedeutung zugrunde liegen.

Erstens kritisiert Mill die Position von Thomas Hobbes, der zufolge Begriffe nicht diejenigen Objekte, auf die sie umgangssprachlich bezogen werden, sondern statt dessen Vorstellungen dieser Objekte bezeichnen. Hobbes begründet seine Position mit Bezug auf die Verständigungsfunktion von Begriffen dadurch, daß jemand, der die Äußerung eines Wortes vernimmt, versteht, daß der Sprecher des betreffenden Wortes an ein bestimmtes Objekt denkt. Das geäußerte Wort und ebenso der entsprechende Begriff soll deshalb eine Vorstellung des Sprechers bezeichnen, anstatt sich direkt auf das Objekt dieser Vorstellung zu beziehen. Gegen diese Position wendet sich Mill mit dem Argument, daß Hobbes nicht erklären kann, wie mittels Begriffen Überzeugungen ausgedrückt werden können, die sich nicht auf das Bewußtsein, sondern auf bewußtseinsexterne Sachverhalte beziehen:

»Wenn ich einen Begriff zu dem Zweck benutze, um damit eine Überzeugung auszudrücken, dann ist es eine Überzeugung, die das Ding selber, nicht meine Vorstellung von ihm betrifft. Wenn ich sage: »Die Sonne ist die Ursache des Tages«, so meine ich damit nicht, daß meine Vorstellung von der Sonne in mir die Vorstellung vom Tag verursacht oder hervorruft; ... Ich meine damit, daß eine bestimmte physikalische Tatsache, die als das Vorhandensein der Sonne bezeichnet wird ..., eine andere physikalische Tatsache verursacht, die als Tag bezeichnet wird. Es erscheint angemessen, ein Wort als den *Begriff* von demjenigen zu betrachten, was darunter verstanden werden soll, wenn wir es verwenden; ... kurz gesagt, dasjenige, worüber wir informieren wollen, wenn wir das Wort verwenden.« (SL 24 f.)

Deshalb vertritt Mill die Auffassung, daß sich Begriffe auch aus der Sicht philosophischer Analyse auf diejenigen Objekte beziehen, auf die sie umgangssprachlich bezogen werden. Im *System der Logik* beschreibt Mill daher Begriffe stets »als Begriffe von den Dingen selber, und nicht nur [als Begriffe] von unseren Vorstellungen der Dinge«. (Ebd. 25)

Zweitens behauptet Mill im Zuge seiner Psychologismus-kritik, daß die Untersuchung von Vorstellungen und Urteilsakten keinen Aufschluß über die Bedeutung von Aussagen geben kann, weil sich Aussagen nicht auf Vorstellungen von Objekten, sondern auf die Objekte selber beziehen:

»Dasjenige zu bestimmen, was im Fall der Zustimmung oder Ablehnung außer dem Verbinden von zwei Vorstellungen (ideas) passiert, ist eines der schwierigsten metaphysischen Probleme. Aber was immer die Lösung sein mag, können wir zu behaupten wagen, daß sie überhaupt nichts mit der Bedeutung von Aussagen zu tun hat; und zwar aus dem Grunde, daß Aussagen ... nicht Behauptungen bezüglich unserer Vorstellungen von Dingen, sondern Behauptungen bezüglich der Dinge selber sind.« (SL 88)

Damit vertritt Mill hinsichtlich des Realitätsgehalts von Begriffen und Aussagen die Position, daß sich sowohl Begriffe als auch Aussagen direkt auf Objekte und nicht nur auf deren Vorstellungen beziehen. Um diese Position näher zu bestimmen, wird im nächsten Abschnitt auf die erkenntnistheoretischen Grundlagen der Bedeutungstheorie Mills eingegangen.

2.4 Die erkenntnistheoretischen Grundlagen der Bedeutungstheorie: Mills These von der Relativität menschlichen Wissens

Mit den erkenntnistheoretischen Überlegungen, die Mill im *System der Logik* anstellt, verfolgt er die Absicht, den Bereich möglichen Wissens in zwei Hinsichten zu begrenzen. Erstens bemüht er sich darum nachzuweisen, daß nicht die »Dinge an sich«, sondern nur Phainomena erkennbar sind. Zweitens argumentiert er dafür, daß nur empirisches Wissen möglich ist. Demnach kann es kein apriorisches Wissen geben. Während Mills Argumentation gegen die Möglichkeit apriorischen Wissens in den Abschnitten 2.5 und 2.6 dargestellt wird, sollen in diesem Abschnitt seine Überlegungen zur Unerkennbarkeit der »Dinge an sich« untersucht werden.

Im Zuge der Untersuchung des Realitätsgehalts von Begriffen stellt Mill eine Behauptung auf, die er im Anschluß an William Hamilton als These von der »Relativität menschlichen Wissens« bezeichnet.[28] Diese These wird von Mill in den drei folgenden Passagen formuliert:

»... der allerwichtigste Punkt ist einer, über den diese Metaphysiker jetzt im allgemeinen übereingekommen sind; nämlich daß *alles, was wir von Objekten wissen,* Sinneseindrücke [sensations] sind, die sie uns geben, und die Reihenfolge des Auftretens dieser Sinneseindrücke. Kant selber formuliert dies ebenso ausdrücklich, wie Berkeley oder Locke. Obwohl er fest davon überzeugt ist, daß ein Universum von »Dingen an sich« existiert, das vollständig von dem Universum der Phänomene oder der Dinge, wie sie unseren Sinnen erscheinen, verschieden ist; und obwohl er einen technischen Ausdruck (Noumenon) verwendet, um zu denotieren, was das Ding an sich im Unterschied zu dessen *Repräsentation* in unserem Bewußtsein ist, läßt er zu, daß diese Repräsentation ... alles ist, was wir von dem Objekt wissen: und daß die wirkliche Natur des Dinges ... für uns ein undurchdringliches Rätsel ist.« (SL 59)

Im gleichen Zusammenhang vertritt Mill diese These wiederum mit dem Anspruch auf Allgemeingültigkeit:

»Es kann deshalb mit Sicherheit als Wahrheit zugrunde gelegt werden, die sowohl offensichtlich ist als auch von allen [Philosophen; R.S.] zugestanden wird, die man gegenwärtig in Betracht ziehen muß, daß wir von der Außenwelt absolut nichts wissen und wissen können außer den Sinneseindrücken [sensations], die wir von ihr erfahren.« (Ebd. 62)

Im Übereinstimmung damit formuliert Mill zusammenfassend:

»Ohne auf die metaphysischen Zweifel einzugehen, die bezüglich der Existenz von Materie [Matter] und Bewußtsein [Mind] als objektiver Realitäten erhoben worden sind, behaupteten wir die für uns hinreichende Konklusion, in der die besten Denker jetzt größtenteils übereinstimmen, daß alles, was wir von der Materie wissen können, die Sinneseindrücke [sensations] sind, die sie uns gibt, und die Reihenfolge des Auftretens dieser Sinneseindrücke; und während der Substanz ›Körper‹ [body] die unbekannte Ursache unserer Sinneseindrücke ist, ist die Substanz ›Bewußtsein‹ deren unbekannter Empfänger.« (Ebd. 76)

Die These von der Relativität menschlichen Wissen, die im folgenden als »Relativitätsthese« bezeichnet wird, ist aus zwei Gründen problematisch:

1. Die Relativitätsthese enthält die Behauptung, daß von bewußtseinsexternen Objekten ausschließlich Sinneseindrücke und die Reihenfolge des Auftretens der Sinneseindrücke erkannt werden können. Diese Behauptung läßt zwei Interpretationen zu, die im folgenden als »Kantische« und als »sensualistische Interpretation« bezeichnet werden:

   Kantische Interpretation: Es kann kein Wissen von bewußtseinsexternen Objekten als »Dingen an sich« (Noumena), sondern nur als Erscheinungen (Phainomena) geben, weil das Wissen von diesen Objekten auf sinnlicher Wahrnehmung beruht.

   Sensualistische Interpretation: Alles Wissen ist Wissen von Sinneseindrücken. Es kann kein Wissen von bewußtseinsexternen Objekten geben, die diese Sinneseindrücke hervorrufen.

   Während die erste Interpretation hauptsächlich durch Mills Bezugnahme auf Kant nahegelegt wird, spricht für die zweite Interpretation zum einen Mills Hinweis auf Berkeley und Locke, die beide sensualistische Positionen vertreten. Zum anderen ist diese Interpretation plausibel, weil Mill Wissen als Wissen von Sinneseindrücken bezeichnet und die Unerkennbarkeit der den Sinneseindrücken zugrunde liegenden Objekte behauptet. Damit stellt sich die Frage, welche dieser beiden Interpretationen auf Mills Relativitätsthese zutrifft.

2. Die Relativitätsthese wird von Mill mit dem Anspruch auf allgemeine Akzeptanz vertreten. Dies steht zwar in Übereinstimmung mit seinem in Abschnitt 2.2 dargestellten Anspruch, im Rahmen des *Systems der Logik* keine Positionen zu vertreten, die in der Philosophie kontrovers diskutiert werden. Aber es ist offensichtlich, daß dieser Anspruch unabhängig davon, ob die Relativitätsthese im Sinne der Kantischen oder der sensualistischen Interpretation verstanden wird, nicht haltbar ist. In einer Anmerkung aus einer späteren Auflage des *Systems der Logik* verweist Mill zwar darauf, daß dieser Anspruch auf allgemeine Akzeptanz von verschiedenen Seiten kritisiert wurde, aber diese Kritik hat ihn nicht dazu gebracht, seinen Anspruch aufzugeben. (Ebd. 63 f., Anm.) Da er dennoch als unhaltbar betrachtet werden muß, soll auf dieses Problem nicht weiter eingegangen werden. Statt dessen wird im folgenden untersucht, welche Belege sich für die Kantische und die sensualistische Interpretation im *System der Logik* finden.

Mit dem Begriff der Erscheinung beschreibt Kant in der *Kritik der reinen Vernunft* die Wirklichkeit in Beziehung auf die Sinnlichkeit und den Verstand.[29] Die Erscheinung ist die Art und Weise, in der sich das Wirkliche in den Formen der Anschauung (Raum und Zeit) und des Verstandes (Kategorien) darstellt. Die Erscheinung ist deshalb weder etwas von allem Bewußtsein völlig Unabhängiges, noch eine bloße Summe subjektiver Erlebnisse, sondern der Gegenstand möglicher Erfahrung. Als Gegenstand möglicher Erfahrung besitzt die Erscheinung empirische Realität. Kant unterscheidet den Begriff der Erscheinung zum einen von dem Begriff des Noumenons. Noumena besitzen absolute Realität und liegen den Erscheinungen zugrunde, aber sie können prinzipiell nicht erkannt werden, weil sie nicht Gegenstände sinnlicher Anschauung sind. Aus diesem Grund betrachtet Kant den Begriff des Noumenons als Grenzbegriff, der ausschließlich dazu dient, den Bereich möglicher Erfahrung zu begrenzen. Zum anderen unterscheidet Kant zwischen Erscheinungen und Schein:

»Wenn ich sage: im Raum und der Zeit stellt die Anschauung, sowohl der äußeren Objekte als auch die Selbstanschauung des Gemüts, beides vor, so wie es unsere Sinne affiziert, d.i. wie es *erscheint*: so will das nicht sagen, daß diese Gegenstände ein bloßer *Schein* wären. Denn in der Erscheinung werden jederzeit die Objekte, ja selbst die Beschaffenheiten, die wir ihnen beilegen, als etwas wirklich Gegebenes angesehen, nur daß, sofern diese Beschaffenheit nur von der Anschauungsart des Subjekts in der Relation des gegebenen Gegenstands zu ihm abhängt, dieser Gegenstand als *Erscheinung* von ihm selber als *Objekt an sich* unterschieden wird.«[30]

Kant macht damit deutlich, daß er unter Erscheinungen nicht rein subjektive Eindrücke, sondern Gegenstände möglicher Erfahrung versteht, die empirische Realität besitzen.

Für die Kantische Interpretation von Mills Relativitätsthese spricht einerseits, daß Mill die Relativitätsthese mit der Position von William Hamilton identifiziert. Laut Hamilton kann es kein absolutes Wissen von den »Dingen an sich«, sondern nur relatives Wissen von den Dingen geben, wie sie sich zu unserem Erkenntnisvermögen (faculties of knowledge) verhalten. (SL 59) Hamilton bezeichnet dieses relative Wissen auch als Wissen von Phainomena. Diese Auffassung Hamiltons ist sowohl mit Kants Begriff der Erscheinung als auch mit dessen These vereinbar, daß Dinge nur als Erscheinungen erkannt werden können.

Andererseits scheint für die Kantische Interpretation der Relativitätsthese zu sprechen, daß Mill in der oben zuerst zitierten Passage den Anspruch auf Allgemeingültigkeit der Relativitätsthese begründet, indem er behauptet, daß beispielsweise auch Kant die Relativitätsthese vertritt. Mill identifiziert dabei seine Unterscheidung zwischen bewußtseinsexternen Objekten und Sinneseindrücken mit Kants Unterscheidung zwischen Noumena und Phainomena. Weil

Mill unter Sinneseindrücken mentale Repräsentationen versteht, interpretiert er Kant folgendermaßen:

»Obwohl er [Kant; R.S.] fest davon überzeugt ist, daß ein Universum von »Dingen an sich« existiert, das vollständig von dem Universum der *Phänomene* oder der *Dinge, wie sie unseren Sinnen erscheinen*, verschieden ist; und obwohl er einen technischen Ausdruck (Noumenon) verwendet, um zu denotieren, was das Ding an sich im Unterschied zu dessen *Repräsentation in unserem Bewußtsein* ist, läßt er zu, daß diese Repräsentation ... alles ist, was wir von dem Objekt wissen: und daß die wirkliche Natur des Dinges ... für uns ein undurchdringliches Rätsel ist.« (Hervorhebungen von mir, R.S.) (Ebd. 59)

Mill bezeichnet in dieser Passage Phänomene sowohl als »Dinge, wie sie unseren Sinnen erscheinen«, als auch als mentale Repräsentationen. Weil er diese beiden Begriffe des Phänomens miteinander identifiziert, behauptet er, daß Kant in Übereinstimmung mit der Relativitätsthese die Auffassung vertritt, daß ausschließlich Wissen von mentalen Repräsentationen der Objekte möglich ist.

Vergleicht man die Positionen von Kant und Mill, kommt man zu folgendem Ergebnis: Der Begriff des Phainomenons wird von Mill und Kant in grundsätzlich verschiedener Weise definiert. Während Mill unter Phainomena einen bestimmten Typ mentaler Repräsentationen, nämlich Sinneseindrücke, versteht, definiert Kant Phainomena als Gegenstände sinnlicher Anschauung. Erscheinungen sind für Kant nicht Sinneseindrücke, sondern bewußtseinsexterne Objekte mit empirischer Realität. Zwar bezieht sich Mill in der zuletzt zitierten Passage auf Kants Begriff der Erscheinung, indem er sie als »Dinge, wie sie unseren Sinnen erscheinen« bezeichnet. Aber Mill berücksichtigt nicht die grundsätzliche Verschiedenheit zwischen diesem Begriff der Erscheinung und seinem eigenen Verständnis von Phainomena als Sinneseindrücken. Aus diesem Grund vertreten Kant und Mill verschiedene Auffassungen: Während Mill behauptet, daß nur Wissen von Sinneseindrücken und der Reihenfolge ihres Auftretens möglich ist, vertritt Kant die Auffassung, daß Wissen von Objekten mit empirischer Realität möglich ist. Folglich trifft die Kantische Interpretation auf Mills Relativitätsthese nicht zu.

Im folgenden soll verdeutlich werden, daß Mill anstelle der Kantischen Interpretation die sensualistische Interpretation der Relativitätsthese vertritt. Zuerst wird dargestellt, wie Mill die Relativitätsthese unter Voraussetzung einer Repräsentationstheorie der Erkenntnis erläutert. Anschließend wird beschrieben, welche bedeutungstheoretischen Konsequenzen Mill aus der Relativitätsthese ableitet und welche Position er hinsichtlich der Existenz bewußtseinsexterner Entitäten vertritt.

Die Relativitätsthese wird von Mill mit Bezug auf eine Repräsentationstheorie der Erkenntnis erläutert. Demnach bestehen zwischen bewußtseinsexternen Noumena und Sinneseindrücken kausale Relationen: (SL 52, 56 ff., 61) Sinneseindrücke werden durch Noumena verursacht. Weiterhin behauptet Mill, daß ausschließlich Sinneseindrücke epistemisch direkt zugänglich sind:

»Die Sinneseindrücke sind alles, dessen ich direkt bewußt bin; aber ich betrachte sie als durch etwas produziert, das nicht nur unabhängig von meinem Willen, sondern auch außerhalb meiner körperlichen Organe und meines Bewußtseins existiert. Dieses externe Etwas bezeichne ich als Körper [body].« (Ebd. 56 f.)

Die Beschaffenheit dieser Noumena ist Mill zufolge prinzipiell nicht erkennbar, weil zwischen Ursachen und Wirkungen keine Ähnlichkeitsrelationen bestehen. Aus diesem Grund ist es nicht möglich, von der Beschaffenheit der Sinneseindrücke auf die Beschaffenheit der ihnen kausal zugrunde liegenden Noumena zu schließen:

»Es gibt nicht den geringsten Grund für die Annahme, daß dasjenige, was wir als wahrnehmbare Eigenschaften eines Objektes bezeichnen, irgendetwas ist, das dem Ding selber inhärent ist ... Eine Ursache ist als solche ihren Wirkungen nicht ähnlich; ein Ostwind ist nicht so, wie das Gefühl der Kälte ... Warum also sollte Materie [matter] unseren Sinneseindrücken ähnlich sein? Warum sollte die innerste Natur des Feuers oder Wassers den Eindrücken ähnlich sein, die diese Objekte auf unsere Sinne machen?« (Ebd. 61)

Da die Relativitätsthese von Mill vor dem Hintergrund dieser repräsentationstheoretischen Überlegungen aufgestellt wird, muß sie sensualistisch interpretiert werden. Daher stellt Mill mit der Relativitätsthese die beiden folgenden Behauptungen auf:

1. Alles Wissen ist Wissen von Sinneseindrücken. Weil Sinneseindrücke mentale Repräsentationen sind, sind nur mentale Repräsentationen erkennbar.
2. Bewußtseinsexterne Noumena sind prinzipiell unerkennbar.

Wird die Relativitätsthese zusammen mit einer Repräsentationstheorie der Erkenntnis vertreten, dann wird zusätzlich die folgende Behauptung vorausgesetzt:

3. Noumena existieren. Sie verursachen bei den Erkenntnissubjekten Sinneseindrücke.

Mill behauptet, daß die Relativitätsthese gegenüber dieser ontologischen Voraussetzung neutral ist. Das heißt, daß die Relativitätsthese sowohl zusammen mit einer Repräsentationstheorie der Erkenntnis als auch zusammen mit der folgenden Position vertreten werden kann:

4. Noumena existieren nicht. Es gibt keine Entitäten außer mentalen Repräsentationen.

Die Diskussion über die Frage nach der Existenz von Noumena wird von Mill ausdrücklich zu der Disziplin gerechnet, die er als »Metaphysik« bezeichnet. Weil er damit diese Frage aus der Logik ausklammert, beantwortet er sie im *System der Logik* nicht. Trotzdem nennt er mögliche Schwierigkeiten, die der Begründung der Existenz von Noumena auf der Grundlage des Sensualismus entgegenstehen können. (Ebd. 57 f.) Ebenfalls weist er in einer Fußnote auf seine eigene Position hin, der zufolge Noumena nicht existieren:

»Einige Denker, unter ihnen der späte Professor Ferrier ... und Professor Grote ..., scheinen vollständig die Realität von Noumena oder Dingen an sich – eines unerkennbaren Substratums oder einer Grundlage für die Sinneseindrücke, die wir erfahren, und die gemäß der Theorie unser gesamtes Wissen über die externe Welt konstituieren, zu verneinen ... Gegen die erste dieser Meinungen, welche Noumena negiert, habe ich als Metaphysiker nichts; aber ob sie wahr oder falsch ist, ist ohne Bedeutung für die Logik.« (Ebd. 63, Anm).

Diese metaphysische Position präzisiert Mill im gleichen Zusammenhang als die Behauptung, daß Körper nichts von den Sinneseindrücken prinzipiell Verschiedenes sind. Statt dessen werden unter Körpern entweder Klassen von Sinneseindrücken oder Klassen von Möglichkeiten von Sinneseindrücken (set of possibilities of sensation) verstanden. (Ebd. 58) Mill vertritt die zweite Position in der *Prüfung der Philosophie von Sir William Hamilton*. (EH 181 ff.) Bevor jedoch diese Position näher untersucht wird, soll zuvor auf die folgende bedeutungstheoretische These eingegangen werden, die Mill zufolge aus der Relativitätsthese folgt:

Alle Aussagen über Eigenschaften können in Aussagen über Sinneseindrücke übersetzt werden.
Alle Begriffe, die Eigenschaften bezeichnen, beziehen sich auf Sinneseindrücke.

Diese reduktionistische These ergibt sich aus der Relativitätsthese: wenn außer Sinneseindrücken nichts erkannt werden kann, dann müssen sich auch alle Begriffe auf Sinneseindrücke beziehen und alle Aussagen über Eigenschaften in Aussagen über Sinneseindrücke übersetzen lassen. Besonders deutlich entwickelt Mill diese These in der folgenden Passage:

»Denn wenn wir von Körpern [bodies] nichts wissen und nicht wissen können außer den Sinneseindrücken [sensations], die sie in uns und anderen hervorrufen, dann müssen diese Sinneseindrücke alles sein, was wir im Grunde unter Eigenschaften verstehen können; und die Unterscheidung, die wir begrifflich zwischen den Eigenschaften von Dingen und den Sinneseindrücken machen, die wir von ihnen erhalten, muß eher auf der Zweckmäßigkeit für das Sprechen als auf dem Wesen dessen, was bezeichnet wird, beruhen.« (SL 65)

Auf der Ebene sprachlicher Bedeutung wird daher von Mill der Unterschied zwischen Eigenschaften und Sinneseindrücken aufgehoben:

»... wenn wir sagen, daß Schnee weiß ist, weil er die Qualität des Weißen [whiteness] hat, dann beschreiben wir nur in einer technischeren Sprache die Tatsache, daß er in uns den Sinneseindruck ›weiß‹ hervorruft.« (Ebd. 66)

Aussagen über Körper können Mill zufolge teilweise in Aussagen über Sinneseindrücke übersetzt werden:

»Es ist daher sicher, daß ein Teil unseres Begriffs von einem Körper aus dem Begriff einiger unserer eigenen Sinneseindrücke besteht, ... die ständig simultan auftreten. Mein Begriff von dem Tisch, an dem ich schreibe, ist zusammengesetzt aus seiner sichtbaren Form und Größe, die komplexe Sinneseindrücke des Sehvermögens sind ...« (Ebd. 57)

In dieser Passage behauptet Mill, daß nur ein Teil des Begriffs vom Körper aus Begriffen von Sinneseindrücken besteht. Das heißt, daß Aussagen über Körper nicht vollständig in Aussagen über Sinneseindrücke übersetzt werden können. Diese Einschränkung wird von ihm vorgenommen, weil er die Frage nach der Existenz von Noumena im *System der Logik* offen läßt. Während unter der Voraussetzung, daß es keine Noumena gibt, alle Aussagen über Körper vollständig in Aussagen über Sinneseindrücke übersetzt werden können, ist eine solche Übersetzung nur teilweise möglich, wenn die Existenz von Noumena angenommen wird: Der Begriff des Körpers bezieht sich dann auch auf das Noumenon, das den Sinneseindrücken kausal zugrunde liegt.[31]

Weil er die Frage nach der Existenz von Noumena im *System der Logik* offen läßt, bemüht sich Mill in seinen weiteren Überlegungen darum, Konzeptionen zu entwickeln, in denen die Möglichkeit der Existenz von Noumena berücksichtigt wird. Einerseits rechnet er daher neben Sinneseindrücken sowohl Substanzen wie zum Beispiel Körper als auch Eigenschaften zu denjenigen Objekten, auf die sprachlich Bezug genommen werden kann. (SL 75 ff.) Andererseits behauptet er aus diesem Grund, daß sich Aussagen sowohl auf Phainomena als auch auf Noumena beziehen können:

»... wir bilden ebenfalls Aussagen bezüglich der versteckten Ursachen der Phänomene, die als Substanzen und Eigenschaften bezeichnet werden. ... keine Behauptung, wenigstens keine mit Bedeutung [meaning], kann bezüglich dieser unbekannten und unerkennbaren Entitäten gemacht werden, außer aufgrund der Phänomene, durch die allein sie sich für unser Erkenntnisvermögen manifestieren.« (Ebd. 100)

In Übereinstimmung mit der Relativitätsthese behauptet Mill in dieser Passage, daß nur Phänomene erkennbar sind und daß daher nur über Phänomene Aussagen gemacht werden können, die eine Bedeutung besitzen. Weil er aber nicht ausschließen will, daß Noumena existieren, räumt er ein, daß Aussagen über Phainomena sich indirekt auch auf die zugrunde liegenden Noumena beziehen können. Dabei werden die Noumena aber weder erkannt noch werden ihnen als Noumena Eigenschaften zugeschrieben.

Abschließend soll kurz auf die Frage eingegangen werden, welche Position Mill hinsichtlich der Existenz einer bewußtseinsexternen Realität vertritt. Da Mill auf diese Thematik im *System der Logik* außer in Andeutungen nicht näher eingeht, ist es erforderlich, seine *Prüfung der Philosophie von Sir William Hamilton* heranzuziehen, in der Mill seine Ontologie ausführlicher entwickelt. In dieser Arbeit vertritt Mill die Auffassung, daß unter Voraussetzung der Relativitätsthese die Existenz von Noumena nicht begründet werden kann, weil ausschließlich Wissen von Sinneseindrücken möglich ist. (EH 181 ff.)[32] Daraus zieht er aber nicht den Schluß, daß es überhaupt keine bewußtseinsexterne Realität geben kann. Statt dessen behauptet Mill, daß die Realität nicht als etwas von Sinneseindrücken grundsätzlich Verschiedenes betrachtet werden darf. Aus diesem Grund definiert er Körper, unter denen er bewußtseinsexterne Entitäten versteht, als *Möglichkeiten von Sinneseindrücken*. Diese Definition soll zum einen der bewußtseinsunabhängigen Existenz von Körpern Rechnung tragen, weil sie als Möglichkeiten von Sinneseindrücken unabhängig von aktueller Wahrnehmung existieren können. Zum anderen betrachtet Mill diese Definition als mit dem Relativitätsprinzip verträglich, weil ausschließlich auf Sinneseindrücke Bezug genommen wird. Allerdings kann gegen diese Konzeption der Einwand vorgebracht werden, daß unter Voraussetzung der Relativitätsthese die Begründung der Existenz realer Möglichkeiten von Sinneseindrücken, die unabhängig von der aktuellen Wahrnehmung existieren sollen, ebenso große Schwierigkeiten wie die Begründung der Existenz von Noumena bereitet.

Ohne auf die Einzelheiten und Schwierigkeiten dieser ontologischen Position näher einzugehen, wird dennoch deutlich, daß Mill keine anti-realistische Position vertritt. Er bestreitet nicht, daß es eine bewußtseinsexterne Wirklichkeit gibt. Statt dessen erhebt er auf der Grundlage seiner erkenntnistheoretischen Überlegungen den Anspruch zu erklären, worauf wir uns eigentlich beziehen, wenn wir sprachlich auf die Realität Bezug nehmen. Es geht Mill daher nicht um die Destruktion, sondern um die Rekonstruktion der umgangssprachlichen Bedeutung von Begriffen:

»Materie kann daher definiert werden als die permanente Möglichkeit der Empfindung. Wenn man mich fragt, ob ich an [die Existenz von; R.S.] Materie glaube, dann frage ich den Fragesteller, ob er diese Definition von ihr akzeptiert. Wenn er es tut, dann glaube ich an [die Existenz von; R.S.] Materie, und mit mir alle Anhänger Berkeleys. In jedem anderen Sinn als diesem glaube ich nicht daran. Aber ich versichere mit Zuversicht, daß dieser Begriff der Materie die gesamte Bedeutung einschließt, die ihm normalerweise gegeben wird ... Das Vertrauen der Menschheit in die reale Existenz sichtbarer und fühlbarer Objekte bedeutet Vertrauen in die Realität und Dauerhaftigkeit von Möglichkeiten visueller und taktiler Sinneseindrücke, wenn solche Sinneseindrücke nicht aktuell erfahren werden.« (Ebd. 183)

Damit wird auch der Unterschied zwischen den Positionen von Mill und Hobbes deutlich. Am Ende des Abschnitts 2.3 wurde darauf hingewiesen, daß sich Mill gegen die Auffassung von Hobbes wendet, der zufolge Begriffe und Aussagen sich nicht auf Dinge, sondern nur auf Vorstellungen der Dinge beziehen können. Da Mill keine anti-realistische Position, sondern die Behauptung vertrat, daß Körper als Möglichkeiten von Sinneseindrücken existieren, kann er auch unter Voraussetzung einer sensualistischen Interpretation der Relativitätsthese behaupten, daß mit Begriffen und Aussagen auf bewußtseinsexterne Entitäten Bezug genommen wird.

2.5 Die Stellung und Funktion deduktiven und induktiven Schließens: Mills Empirismus

Mill vertritt die empiristische Position, daß alles Wissen aus der Erfahrung stammt und nur mit Bezug auf Erfahrung begründet werden kann. Er lehnt daher die Möglichkeit apriorischen Wissens über die Wirklichkeit ab. Diese Position begründet Mill im zweiten Buch des *Systems der Logik*, indem er argumentiert, daß ausschließlich induktives Schließen als »wirkliches Schließen« betrachtet werden kann, während deduktives Schließen lediglich »scheinbares Schließen« sein soll.[33] Mill zufolge bedeutet dies, daß ausschließlich induktive Schlüsse zu neuem Wissen beziehungsweise zu neuer Information führen können. Alles Wissen und alle Information beruht daher auf Induktion. Unter Berücksichtigung von Mills Konzeption wirklicher und verbaler Aussagen folgt daraus, daß wirkliche Aussagen nur durch induktive Schlüsse gewonnen werden können, weil wirkliche Aussagen im Unterschied zu verbalen Aussagen Informationen über die Wirklichkeit vermitteln können. Zusätzlich macht Mill die Annahme, daß jede Induktion von empirischen Beobachtungen ausgeht. Aus diesem Grund müssen alle wirklichen Aussagen empirische Aussagen sein.

Im folgenden wird zuerst dargestellt, wie Mill begründet, daß nur die Induktion zum wirklichen Schließen gerechnet werden kann, während die Deduktion als scheinbares Schließen angesehen werden soll. Anschließend wird auf die Funktion der Deduktion als scheinbarem Schließen und auf die zentrale Stellung eingegangen, die das induktive Schließen in Mills Erkenntnistheorie einnimmt.

Deduktives Schließen wird von Mill ausschließlich als das Schließen in Syllogismen thematisiert. Jeder deduktive Schluß kann Mill zufolge als ein Schluß beschrieben werden, bei dem ausgehend von einer allgemeinen Aussage als Obersatz und einer singulären oder allgemeinen Aussage als Untersatz auf eine Konklusion geschlossen wird, die entweder den gleichen Allgemeinheitsgrad wie der Obersatz besitzt oder von geringerer Allgemeinheit ist.

1. Alle Wirbeltiere sind Tiere mit Herz. (Obersatz (OS))
   Alle Tiere mit Nieren sind Wirbeltiere. (Untersatz (US))
   Alle Tiere mit Nieren sind Tiere mit Herz. (Konklusion (K))
2. Alle Menschen sind sterblich. (OS)
   Sokrates ist ein Mensch. (US)
   Sokrates ist sterblich. (K)

Er kennzeichnet deduktives Schließen als Schließen »vom Allgemeinen auf das Besondere«, um es vom induktiven Schließen kontrastierend abzuheben, das er sowohl als Schließen »vom Besonderen auf das Allgemeine« (1) als auch als Schließen »vom Besonderen auf das Besondere« (2) bezeichnet. (SL 162 f., 193, 203) Zum ersten Typ induktiven Schließens, der dem gängigen Verständnis von Induktion entspricht, zählt Mill sowohl das Schließen von singulären Aussagen auf eine allgemeine Aussage als auch das Schließen von allgemeinen Aussagen auf eine allgemeine Aussage von größerer Allgemeinheit

1. Sokrates ist ein Mensch und sterblich.
   Hans ist ein Mensch und sterblich, etc.
   Alle Menschen sind sterblich. (K)
2. Walfische sind Säugetiere und Lungenatmer.
   Hunde sind Säugetiere und Lungenatmer, etc.
   Alle Säugetiere sind Lungenatmer. (K)

Der zweite Typ induktiven Schließens, den ich im folgenden zur Unterscheidung vom ersten Induktionstyp als »direkte Induktion« bezeichnen werde, zeichnet sich Mill zufolge dadurch aus, daß sowohl die induktiven Prämissen als auch die induktive Konklusion singuläre Aussagen sind:

Sokrates ist ein Mensch und sterblich.
Hans ist ein Mensch und sterblich, etc.
Karl ist sterblich. (K)

Wie sich im folgenden zeigen wird, betrachtet Mill gerade diesen zweiten Typ induktiven Schließens als die allgemeinste und grundlegendste Form des Schließens.

Zwischen wirklichen und scheinbaren Schlüssen unterscheidet Mill anhand des Kriteriums, ob die Konklusion des betreffenden Schlusses im Wissen von den Prämissen bereits enthalten ist oder nicht. Ein Schluß ist danach ein wirklicher Schluß genau dann, wenn dessen Konklusion etwas behauptet, das man noch nicht weiß, wenn man über das Wissen von den Prämissen verfügt. (Ebd. 160, 162, 183) Weil daher bei jedem wirklichen Schluß neues Wissen beziehungsweise neue Information erworben wird, bezeichnet Mill wirkliches Schließen als »Fortschreiten vom Bekannten zum Unbekannten«:

»Wir müssen jetzt untersuchen, ob der syllogistische Prozeß, der des logischen Denkens [reasoning] vom Allgemeinen zum Besonderen, ein Prozeß des Schließens [inference] ist oder nicht; ein Fortschreiten vom Bekannten zum Unbekannten: ein Mittel um zu dem Wissen von etwas zu gelangen, von dem wir zuvor nichts wußten.« (Ebd. 183)

Scheinbare Schlüsse sind demnach Schlüsse, die nicht zu neuem Wissen führen, weil deren Konklusionen bereits im Wissen von den Prämissen enthalten sind.

Indem Mill das obige Kriterium zur Unterscheidung wirklicher und scheinbarer Schlüsse aufstellt, unterscheidet er sie nicht mit Bezug auf *logische* Beziehungen, die zwischen den in Schlüssen enthaltenen *Aussagen* bestehen. Sondern er unterscheidet sie mit Bezug auf *epistemologische* Beziehungen, die zwischen dem *Wissen* von denjenigen Aussagen bestehen, aus denen sich die Schlüsse zusammensetzen. Diese beiden Kriterien unterscheiden sich voneinander. Weder folgt daraus, daß die Aussage p aus der Aussage q logisch herleitbar ist, daß man mit dem Wissen von q auch über das Wissen von p verfügt. Noch folgt daraus, daß das Wissen von r das Wissen von s einschließt, daß s aus r logisch hergeleitet werden kann. Diese Unterscheidung zwischen den logischen Beziehungen zwischen Aussagen und den epistemologischen Beziehungen zwischen dem Wissen von Aussagen, die hier zur Erklärung eingeführt wird, berücksichtigt Mill allerdings nicht. Statt dessen identifiziert er beide Relationstypen miteinander und vertritt die Auffassung, daß eine Aussage p eine andere Aussage q impliziert, *weil* das Wissen von p das Wissen von q enthält. Im folgenden wird deutlich, daß Mills Vernachlässigung des dargestellten Unterschieds zwischen logischen und epistemologischen Beziehungen weitreichende Folgen für seine Einschätzung der Stellung und Funktion deduktiven Schließens hat.

Da induktives Schließen wissenserweiternd ist, betrachtet es Mill als eindeutig, daß es sich dabei um wirkliches Schließen handelt. (Ebd. 163) Hingegen ist für ihn die Beantwortung der Frage, ob deduktives Schließen wirkliches oder scheinbares Schließen ist, aufgrund des Konfliktes zwischen den beiden folgenden Überlegungen schwieriger. (Ebd. 183 ff).

1. Einerseits sind deduktive Schlüsse nur unter der Bedingung korrekt, daß ihre Konklusionen nichts behaupten, was nicht in den Prämissen enthalten ist: Alles, was in deduktiven Schlüssen korrekt hergeleitet werden kann, muß deshalb in den Prämissen enthalten sein. Da Mill die oben dargestellte Unterscheidung zwischen den logischen Beziehungen zwischen Aussagen und den epistemologischen Beziehungen zwischen dem Wissen von Aussagen nicht berücksichtigt, kommt er zu der folgenden Behauptung: Unter der Voraussetzung, daß nur solche Aussagen korrekt deduziert werden können, die in den Prämissen enthalten sind, muß deduktives Schließen als scheinbares Schließen angesehen werden, weil in deduktiven Schlüssen dann ausschließlich solche Aussagen hergeleitet werden können, die in dem Wissen von den Prämissen enthalten sind. (Ebd. 183 f.) Diese Überlegung spricht also dafür, die Deduktion nicht als wirkliches Schließen zu betrachten.

2. Andererseits weist Mill darauf hin, daß deduktive Schlüsse eine wissenserweiternde Funktion zu besitzen scheinen. Er illustriert dies dadurch, daß zum Beispiel die Sterblichkeit des Grafen von Wellington zu dessen Lebzeiten ausschließlich deduktiv erschlossen werden kann, indem unter der Voraussetzung, daß alle Menschen sterblich sind und daß der Graf von Wellington ein Mensch ist, deduziert wird, daß der Graf von Wellington sterblich ist. (Ebd. 184 f.) Da diese Information über den Graf von Wellington zu dessen Lebzeiten nur durch Deduktion zugänglich ist, scheint in diesem Fall ein deduktiver Schluß zu neuem Wissen zu führen, weshalb deduktives Schließen als wirkliches Schließen angesehen werden muß.

Angesichts dieser miteinander im Konflikt stehenden Überlegungen stellt sich für Mill die Frage, welche von beiden größeres Gewicht besitzt. Die Interpretation von Mills Lösung dieses Konflikts ist nicht ohne Schwierigkeiten, weshalb in der Literatur kontrovers diskutiert wird, ob deduktives Schließen von Mill als scheinbares oder als wirkliches Schließen angesehen wird.[34] Der Grund für diese Kontroverse besteht zum einen darin, daß Mill nach der Auffassung einiger Interpreten mit der Behauptung, daß deduktives Schließen scheinbares Schließen ist, eine extrem unplausible Position vertreten würde, die man ihm aus diesem Grunde nicht sinnvoll zuschreiben kann, obwohl es Belege dafür gibt, daß Mill diese Position zu vertreten meint. Zum anderen findet sich im *System der Logik* neben Passagen, die für die Stellung deduktiven Schließens als scheinbarem Schließen sprechen, zu Beginn von Mills Überlegungen zur Stellung und Funktion induktiven und deduktiven Schließens eine Textstelle, die von einigen Autoren so interpretiert wird, daß Mill in ihr sowohl induktives als auch deduktives Schließen als wirkliches Schließen bezeichnet:

»... wir kommen jetzt zu den [Fällen; R.S.], die Fälle des Schließens in der eigentlichen Bedeutung dieses Begriffs sind, solche, in denen wir von bekannten Wahrheiten ausgehen um zu anderen von ihnen wirklich verschiedenen zu gelangen.

Vom logischen Denken [reasoning] in dem erweiterten Sinne, in dem ich diesen Begriff verwende, und in dem er mit ›Schließen‹ [inference] synonym ist, wird allgemein gesagt, daß es von zwei Arten ist: Logisches Denken vom Besonderen zum Allgemeinen, und logisches Denken vom Allgemeinen zum Besonderen; das erstere wird als Induktion bezeichnet, das zweite als Ratiocinatio oder Syllogismus.« (SL 162)

Zum Beispiel behauptet Skorupski, daß Mill in dieser einleitenden Passage induktives und deduktives Schließen als Formen wirklichen Schließens bezeichnet.[35] Gegen diese Interpretation spricht aber, daß es sich bei der zitierten Passage lediglich um eine vorläufige Formulierung handelt, die nichts Endgültiges über die Stellung induktiven und deduktiven Schließens aussagt. Vielmehr formuliert Mill erst im Anschluß an die zitierte Passage die Frage, ob deduktives Schließen wirkliches oder scheinbares Schließen ist. Aus diesem Grund können Mills Formulierungen in dieser Passage nicht bedeuten, daß beide Schlußformen zum wirklichen Schließen gerechnet werden müssen, weil ansonsten seine nachfolgende Frage gegenstandslos wäre. Zudem sprechen einige andere Gründe gegen die Interpretation von Skorupski, auf die hier nur in einer Fußnote hingewiesen werden kann.[36]

Aus diesem Grund wird hier die folgende Interpretation vertreten: Der oben dargestellte Konflikt zwischen den beiden Überlegungen zum deduktiven Schließen wird von Mill aufgelöst, indem er deduktive Schlüsse unter Berücksichtigung der ersten Überlegung als scheinbare Schlüsse bestimmt, die nicht zu neuem Wissen führen können. Den in der zweiten Überlegung beschriebenen Sachverhalt erklärt Mill, indem er die wissenserweiternde Funktion, die deduktiven Schlüssen scheinbar zukommt, induktiven Schlüssen zuschreibt, die den deduktiven Schlüssen zugrunde liegen. Demnach scheint es nur so zu sein, als ob deduktive Schlüsse zu neuem Wissen führen würden.

Die These, daß deduktive Schlüsse scheinbare Schlüsse sind, kennzeichnet Mill näher durch die Behauptung, daß jeder deduktive Schluß beziehungsweise jeder Syllogismus eine petitio principii enthält, sofern man ihn als ein Argument zur Begründung der Konklusion auffaßt:

»Es muß angenommen werden, daß in jedem Syllogismus, betrachtet als ein Argument zum Beweisen der Konklusion, eine *petitio principii* enthalten ist. Wenn wir sagen,
  Alle Menschen sind sterblich,
  Sokrates ist ein Mensch,
  Daraus folgt:
  Sokrates ist sterblich;
so wird von den Gegnern der syllogistischen Theorie unwiderlegbar vorgebracht, *daß die Aussage, Sokrates ist sterblich, in der allge-*

meineren Aussage, Alle Menschen sind sterblich, vorausgesetzt wird ... Daß, in Kürze, kein logisches Denken vom Allgemeinen zum Besonderen als solches irgendetwas beweisen kann: *Da wir von einem allgemeinen Prinzip nicht auf irgendwelche Einzelfälle schließen können, außer auf solche, die das Prinzip selber als bekannt voraussetzt.*« (SL 184, zweite und dritte Hervorhebung von mir, R.S.)

In der folgenden Passage, in der sich Mill auf den britischen Logiker Thomas Brown bezieht, wird diese Behauptung ebenfalls formuliert:

»Er sah die *petitio principii*, die jedem Syllogismus inhärent ist, wenn wir den Obersatz selber als den Geltungsgrund [evidence] betrachten, durch den die Konklusion bewiesen wird ...« (Ebd. 200)

Demnach enthält jeder Syllogismus, sofern er als Argument zur Begründung der Konklusion angesehen wird, aus dem Grund eine petitio principii, weil dasjenige, was mit dem Syllogismus bewiesen werden soll, mit dessen Obersatz bereits vorausgesetzt wird. Das heißt, daß die Konklusion eines Syllogismus nicht mit Bezug auf dessen Obersatz begründet werden kann, weil mit dem Obersatz die Konklusion bereits implizit behauptet wird.

Diese These ergibt sich einerseits daraus, daß Mill den oben dargestellten Unterschied zwischen logischen und epistemologischen Beziehungen nicht berücksichtigt. Da er meint, daß eine Aussage p nur dann aus einer anderen Aussage q deduktiv hergeleitet werden kann, wenn das Wissen von q das Wissen von p enthält, vertritt er die Auffassung, daß p nicht mit Bezug auf q begründet werden kann: weil das Wissen von p bereits mit dem Wissen von q vorausgesetzt wird, ist jede Begründung von p durch q eine petitio principii.

Andererseits steht diese These im Zusammenhang mit Mills Auffassung von der psychologischen Funktion allgemeiner Aussagen. Allgemeine Aussagen werden von Mill in einem bestimmten Sinne als Zusammenfassungen von singulären Aussagen betrachtet. Demnach ist beispielsweise die Aussage »Alle Menschen sind sterblich« eine Zusammenfassung der singulären Aussagen »John ist sterblich«, »Thomas ist sterblich« etc. Da allgemeine Aussagen Mill zufolge aufgestellt werden, weil sie leichter im Gedächtnis zu behalten sind als eine Vielzahl singulärer Aussagen, sollen allgemeine Aussagen die psychologische Funktion besitzen, die Anstrengungen des Gedächtnisses zu verringern. Singuläre Aussagen sind auf zwei verschiedene Weisen in allgemeinen Aussagen enthalten: Zum einen sind allgemeine Aussagen Konjunktionen derjenigen singulären Aussagen, die sich auf bereits durchgeführte Beobachtungen beziehen. Mit Bezug auf solche singulären Aussagen bezeichnet Mill allgemeine Aussagen auch als »Aggregate« und als »Ansammlungen« von singulären Aussagen. (SL 186, 284) Zum anderen enthalten allgemeine Aussagen solche singulären Aussagen, die nicht aus der Beobachtung gewonnen wurden, in der Form allgemeiner Schlußregeln. Mill umschreibt diesen Sachverhalt damit, daß jede allgemeine Aussage die Behauptung enthält, daß ihr eine induktive Basis zugrunde liegt, welche die Herleitung von Konklusionen nach einer bestimmten Regel gestattet. (Ebd. 200, 204) Dieser Unterschied hinsichtlich der Weise, in der singuläre Aussagen in allgemeinen Aussagen enthalten sind, wird von Mill beispielsweise in der folgenden Passage beschrieben:

»Wir halten daher, durch die wertvolle Einrichtung der Sprache, die es uns ermöglicht, von Vielem so zu sprechen als wäre es Eins, alles, was wir beobachtet haben zusammen mit alldem, was wir aus unseren Beobachtungen schließen, in einer präzisen Aussage fest ... Die Resultate vieler Beobachtungen und Schlüsse, und Instruktionen für das Aufstellen unzähliger Schlüsse in unvorhergesehenen Fällen sind in einem kurzen Satz zusammengefaßt.« (Ebd. 187)

Aufgrund dieser Beschaffenheit allgemeiner Aussagen werden sie von Mill an anderer Stelle als Register für bereits durchgeführte Schlüsse und als Abkürzungen für weitere

Schlüsse bezeichnet. (Ebd. 193) Ohne an dieser Stelle Mills Konzeption allgemeiner Aussagen eingehender klären zu müssen, kann trotzdem festgehalten werden, daß demnach alle Aussagen, die aus einer allgemeinen Aussage deduktiv herleitbar sind, in dieser allgemeinen Aussage bereits enthalten sind. Dieses Inklusionsverhältnis von singulären Aussagen in einer allgemeinen Aussage wird von Mill in dem Sinne verstanden, daß das Wissen von einer allgemeinen Aussage das Wissen von allen aus ihr herleitbaren singulären Aussagen enthält, weil Mill den oben dargestellten Unterschied zwischen logischen und epistemologischen Beziehungen nicht berücksichtigt. Diese Interpretation des Inklusionsverhältnisses liegt Mills Behauptung zugrunde, daß Syllogismen eine petitio principii enthalten, weil danach aus allgemeinen Aussagen prinzipiell nur deduziert werden kann, was bereits im Wissen von diesen Aussagen enthalten ist und mit ihnen vorausgesetzt wird.[37]

Nachdem Mill auf diese Weise für die These argumentiert hat, der zufolge deduktives Schließen scheinbares Schließen ist, geht er der Frage nach, wie erklärt werden kann, daß deduktives Schließen scheinbar zu neuem Wissen führt. Mills Überlegungen zu dieser Frage sollen mit Bezug auf das folgende Modell veranschaulicht werden:

1. *Induktiver Schritt:* Schluß vom Besonderen auf das Allgemeine
   1.1 Durch Beobachtung wird festgestellt: John ist ein Mensch und sterblich, Thomas ist ein Mensch und sterblich, etc.
   1.2 Durch Induktion wird abgeleitet: Alle Menschen sind sterblich.
2. *Deduktiver Schritt:* Schluß vom Allgemeinen auf das Besondere
   Alle Menschen sind sterblich. (OS)
   Der Graf von Wellington ist ein Mensch. (US)
   Der Graf von Wellington ist sterblich. (K)

Wie im induktiven Schritt dargestellt ist, werden Mill zufolge allgemeine Aussagen stets durch Induktion im Ausgang von einzelnen Beobachtungen aufgestellt. Die Geltung allgemeiner Aussagen beruht deshalb darauf, daß es individuelle Fälle gibt, auf die diese Aussagen zutreffen. (SL186 f.) Daraus folgert Mill, daß allgemeine Aussagen aufgrund des Umstands, daß sie durch Induktion gebildet werden, keine größere Geltung beanspruchen können, als ihre induktive Basis bereitstellt. Eine allgemeine Aussage kann demnach nicht mehr Geltung in Anspruch nehmen, als durch die Konjunktion derjenigen Aussagen bereitgestellt wird, die dem induktiven Schluß auf diese allgemeine Aussage zugrunde liegen.

Aus dieser Überlegung zieht Mill die beiden folgenden Konsequenzen hinsichtlich der Interpretation des deduktiven Schritts: Erstens betrachtet er nicht den syllogistischen Obersatz, sondern dessen induktive Basis als den Geltungsgrund der syllogistischen Konklusion:

»Wenn uns unsere Erfahrung von John, Thomas etc., die einst lebten, aber jetzt tot sind, zu dem Schluß berechtigt, daß alle menschliche Wesen sterblich sind, *dann hätten wir sicherlich auch ohne jede logische Inkonsequenz gleich aus diesen Einzelfällen schließen können, daß der Graf von Wellington sterblich ist.* Die Sterblichkeit von John, Thomas und anderen ist der einzige Anhaltspunkt [evidence], den wir für die Sterblichkeit des Grafen von Wellington haben. Zu der Begründung wird durch das Interpolieren einer allgemeinen Aussage kein Jota hinzugefügt.« (Ebd. 187, Hervorhebung von mir, R.S.)

Dieser Behauptung liegt die Überlegung zugrunde, daß der syllogistische Obersatz, der aufgrund des oben dargestellten petitio principii-Problems als Geltungsgrund der Konklusion nicht in Frage kommen soll, keine größere Geltung beanspruchen kann als die Konjunktion von Aussagen, aus denen er durch Induktion hergeleitet wird. Wenn daher die induktive Basis hinreichend ist, um den induktiven Schluß auf den Obersatz zu rechtfertigen, dann ist es Mill zufolge ebenfalls möglich, diejenigen Aussagen, die als syllogistische Konklusionen aus dem Obersatz hergeleitet werden können, mit direktem Bezug auf dessen induktive Basis zu begründen. Aus diesem Grund betrachtet Mill die singulären Aussagen, welche die induktive Basis des syllogistischen Obersatzes bilden, als die *eigentlichen Prämissen* der syllogistischen Konklusion.

Zweitens zieht Mill aus dieser Überlegung die Konsequenz, daß der *eigentliche Schluß* nicht in dem syllogistischen Schluß von Ober- und Untersatz auf die Konklusion, sondern statt dessen in dem Schluß von den eigentlichen Prämissen und dem syllogistischen Untersatz auf die Konklusion besteht.[38] Da sich Mill stets an dem oben dargestellten Modell orientiert, in dem sowohl die eigentlichen Prämissen als auch die Konklusion singuläre Aussagen sind, behauptet er, daß der eigentliche Schluß, der jedem deduktiven Schluß zugrunde liegt, stets im Schluß »vom Besonderen auf das Besondere« besteht:

»Der eigentliche Schluß ist stets [ein Schluß; R.S.] vom Besonderen auf das Besondere, von den beobachteten Fällen auf einen unbeobachteten [Fall; R.S.] ... Die eigentlichen Prämissen sind die individuellen Beobachtungen ...« (SL 213)

Demnach besteht beispielsweise der eigentliche Schluß, der zu der Konklusion »Der Graf von Wellington ist sterblich« führt, nicht in dem im zweiten Schritt des obigen Modells dargestellten deduktiven Schluß, sondern in dem Schluß, der ausgehend von den singulären Aussagen »John ist ein Mensch und sterblich«; »Thomas ist ein Mensch und sterblich« etc. und dem Satz »Der Graf von Wellington ist ein Mensch« direkt auf die Konklusion »Der Graf von Wellington ist sterblich« schließt.

Für die in dem obigen Modell dargestellte Argumentation gibt es daher laut Mill zwei äquivalente Beschreibungen.

Einerseits kann sie in zwei Schritten beschrieben werden, wobei auf einen wirklichen, induktiven Schluß, mit dem eine allgemeine Aussage hergeleitet wird, ein scheinbarer, deduktiver Schluß folgt. Andererseits kann sie als direkte Induktion dargestellt werden, bei der von den eigentlichen Prämissen ohne Umweg über eine allgemeine Aussage direkt auf die syllogistische Konklusion geschlossen wird. Eine solche direkte Induktion ist gemäß Mills eingangs dargestelltem Kriterium ein wirklicher Schluß, weil dabei von Beobachtetem auf Unbeobachtetes und damit von vorhandenem Wissen auf neues Wissen geschlossen wird. Beide Beschreibungen enthalten damit induktive Schlüsse, auf denen als wirklichen Schlüssen sämtliche Information beruht. Unter Voraussetzung der Äquivalenz dieser beiden Beschreibungen beantwortet Mill die Frage, warum deduktive Schlüsse scheinbar zu neuem Wissen führen können, dadurch, daß jedem deduktiven Schluß eine direkte Induktion als eigentlicher Schluß zugrunde liegt. Mit Bezug auf das obige Modell bedeutet dies, daß die Aussage »Der Graf von Wellington ist sterblich« nicht durch Deduktion, sondern »eigentlich« durch eine direkte Induktion hergleitet wird. Weil die zugrunde liegende direkte Induktion ein wirklicher Schluß ist, kommt ihr und nicht der Deduktion die wissenserweiternde Funktion zu.

Die Funktion deduktiven Schließens als scheinbarem Schließen wird von Mill bestimmt, indem er die in dem obigen Modell getroffene Unterscheidung zwischen einem induktiven und einem deduktiven Schritt als Unterscheidung zwischen einem *Inferenzschritt* und einem *Interpretationsschritt* beschreibt:[39] Während Mill nur die im Inferenzschritt durchgeführte Induktion als wirklichen Schluß ansieht, soll dem deduktiven Schluß im Interpretationsschritt die Funktion zukommen, die im Inferenzschritt induktiv aufgestellte allgemeine Aussage zu interpretieren. (SL 187, 195 f.)[40] Diese Interpretation kann durch die formalen Regeln des Syllogismus angeleitet werden.

»Die Regeln für diese Interpretation sind die Regeln des Syllogismus: und dessen einziger Zweck ist es, die Konsistenz zwischen den Konklusionen, die wir in jedem einzelnen Fall folgern, und den vorangehenden allgemeinen Anweisungen, nach denen jene gefolgert werden sollen, aufrecht zu erhalten ...« (SL 195, vgl. auch SL 198 f.)

Die im Rahmen der formalen Logik aufgestellten Regeln für das deduktive Schließen in Syllogismen besitzen daher die Funktion, die Interpretation allgemeiner Aussagen derart anzuleiten, daß ausschließlich solche Aussagen abgeleitet werden, die in jenen allgemeinen Aussagen auch tatsächlich enthalten sind.[41] Mill zufolge ist es gleichermaßen möglich, einen Schluß sowohl als direkte Induktion als auch gemäß dem obigen Modell als einen Schluß durchzuführen, der sich aus einem induktiven und einem deduktiven Schritt zusammensetzt. Allerdings soll es in psychologischer Hinsicht vorteilhaft sein, zuerst in einem induktiven Schritt eine allgemeine Aussage aufzustellen und diese Aussage anschließend in einem deduktiven Schritt zu interpretieren, weil dabei die Regeln des Syllogismus zur Anwendung kommen und die Interpretation absichern. Damit schreibt Mill dem deduktiven Schließen in Syllogismen eine Funktion zu, die dessen Relevanz für die Absicherung von Schlüssen hervorhebt, ohne mit dessen Stellung als scheinbarem Schließen in Konflikt zu geraten.

Dem induktiven Schließen kommt also in mehrfacher Hinsicht in Mills Erkenntnistheorie eine zentrale Stellung zu:[42] Erstens betrachtet er ausschließlich induktives Schließen als wirkliches Schließen. (SL 163, 283, 288, 304, 306) Das heißt, daß alles Wissen auf Induktion beruht. Zweitens vertritt er die Auffassung, daß jedem deduktiven Schluß als eigentlicher Schluß eine direkte Induktion zugrunde liegt, die für dessen scheinbare wissenserweiternde Funktion verantwortlich ist. Drittens behauptet er, daß das direkte induktive Schließen die Grundform allen Schließens ist (ebd. 193, 202 f., 212 f.), weshalb jeder Schluß prinzipiell als direkte Induktion beschrieben und auf die folgende Formel reduziert werden kann:

»Das allgemeine Prinzip des Schließens besteht darin ..., daß ausgehend von der Beobachtung bestimmter Einzelfälle geschlossen werden kann, daß dasjenige, was auf diese Einzelfälle zutrifft, ... auch auf alle anderen [Fälle; R.S.] zutrifft, die eine bestimmte Beschreibung erfüllen ... Der wirkliche Schluß erfolgt stets von Einzelfällen auf Einzelfälle, von beobachteten Fällen auf unbeobachtete...« (Ebd. 212 f.)
»Bestimmte Individuen besitzen eine bestimmte Eigenschaft; ein Individuum oder mehrere Individuen gleichen den ersteren hinsichtlich bestimmter anderer Eigenschaften; folglich gleichen sie ihnen ebenfalls hinsichtlich jener Eigenschaft.« (Ebd. 202)

Diese Konzeption induktiven Schließens ergänzt Mill durch die Behauptung, daß jede Induktion ihren Ausgang von empirischer Erfahrung nimmt. Weil daher die induktive Basis jeder Induktion ausschließlich aus Aussagen über die empirische Wirklichkeit bestehen muß, bezeichnet Mill Induktion auch als »Verallgemeinerung im Ausgang von Erfahrung«:

»Induktion in ihrer korrekten Bedeutung ... kann daher zusammenfassend als *Verallgemeinerung im Ausgang von Erfahrung* beschrieben werden. Sie besteht darin, daß ausgehend von einigen individuellen Fällen, in denen das Auftreten eines Phänomens beobachtet wurde, darauf geschlossen wird, daß es in allen Fällen einer bestimmten Klasse auftritt ...« (SL 306, Hervorhebung von mir, R.S.)

Da ausschließlich wirkliche Aussagen Information über die Wirklichkeit enthalten, und weil wirkliche Aussagen nur durch Induktion hergeleitet werden können, folgt also, daß alles Wissen über die Wirklichkeit nur empirisches Wissen sein kann. Damit vertritt Mill eine empiristische Position und bestreitet die Möglichkeit apriorischen Wissens über die Wirklichkeit. Die vorangegangenen Überlegungen haben gezeigt, daß diese empiristische Position im wesentlichen auf Mills Konzeption wirklicher und verbaler Aussagen sowie auf seiner Theorie wirklichen und scheinbaren Schließens beruht. Im folgenden Abschnitt soll auf die Konsequenzen eingegangen werden, die Mill aus dieser Position für seine Konzeption der Wissenschaft ableitet.

2.6 Die naturalistische Konzeption der Wissenschaft

Mill lehnt im Rahmen seiner empiristischen Erkenntnistheorie die Möglichkeit apriorischen Wissens über die Wirklichkeit ab. Aus diesem Grund wendet er sich einerseits gegen die Auffassung, daß sich die Naturwissenschaften wie Physik und Chemie von den Formalwissenschaften wie Arithmetik, Geometrie und Logik darin unterscheiden, daß nur die Naturwissenschaften empirische Wissenschaften sind, während die Formalwissenschaften ausschließlich auf Definitionen und damit auf apriorischem Wissen beruhen. Andererseits lehnt er daher jede philosophische Begründung ab, die apriorisches Wissen in Anspruch nimmt. Im Rahmen seiner Überlegungen zum Induktionsproblem, die im Abschnitt 2.7 dargestellt werden, bemüht sich Mill deshalb um die Entwicklung eines Ansatzes, der ausschließlich auf empirischem Wissen beruht.

Mit seiner These, daß Arithmetik, Geometrie und Logik ebenso wie die Naturwissenschaften empirische Wissenschaften sind, befindet sich Mill im Gegensatz zu der seinerzeit dominierenden Auffassung, daß zwischen Formal- und Naturwissenschaften ein prinzipieller Unterschied besteht. Diese Position wurde zu Mills Lebzeiten in England mit großem Einfluß von William Hamilton und William Whewhell vertreten, die mit Bezug auf Kant dafür argumentieren, daß die Formalwissenschaften ausschließlich apriorisches Wissen enthalten.[43] Daher richten sich die Überlegungen Mills hauptsächlich gegen die Konzeption von Hamilton und Whewhell. Im folgenden wird zuerst Mills

Argumentation gegen den Status der Formalwissenschaften als apriorischer Wissenschaften dargestellt. Anschließend wird im Zusammenhang mit seinem Erklärungsbegriff darauf eingegangen, wie er den graduellen Unterschied zwischen Formal- und Naturwissenschaften beschreibt.

Mill wendet sich mit zwei Argumenten gegen die Auffassung, daß die Formalwissenschaften ausschließlich auf apriorischem Wissen beruhen. Sein erstes Argument richtet sich gegen die Behauptung Whewhells, daß Formalwissenschaften nicht empirische Wissenschaften sein können, weil formalwissenschaftliche Aussagen *notwendigerweise* wahr sind. (SL 236 ff.) Whewhell geht von der Voraussetzung aus, daß beispielsweise die Axiome der Geometrie notwendigerweise wahr sind, und argumentiert, daß die Notwendigkeit ihrer Wahrheit prinzipiell nicht a posteriori begründbar ist, weil keine noch so umfangreiche Erfahrung die Behauptung stützen kann, daß etwas notwendigerweise der Fall ist. Da die Axiome der Geometrie daher nicht mit Bezug auf Erfahrung begründet werden können, schließt Whewhell, daß sie a priori begründete Aussagen sein müssen.

Gegen diese Überlegung wendet sich Mill, indem er argumentiert, daß es sich bei der von Whewhell angesprochenen Notwendigkeit lediglich um eine psychologische Notwendigkeit handelt. Mill zufolge wird mit der Behauptung, daß eine Aussage notwendigerweise wahr ist, lediglich gesagt, daß deren Negation nicht nur falsch, sondern *unvorstellbar* ist. (Ebd. 238) Eine Aussage, die man als notwendigerweise wahr bezeichnet, wird daher nicht hinsichtlich ihrer Geltung, sondern mit Bezug auf unser Vorstellungsvermögen gekennzeichnet. Deshalb behauptet Mill, daß die Unvorstellbarkeit der Negation einer Aussage nicht zu der Annahme berechtigt, daß die betreffende Aussage nicht falsch sein kann.

Er begründet diese Auffassung mit Bezug auf die assoziationspsychologische Überlegung, daß mentale Repräsentationen umso stärker miteinander assoziiert werden, je häufiger die von ihnen repräsentierten Phänomene gemeinsam vorgestellt werden oder in der Erfahrung gemeinsam auftreten. Auf diese Weise sollen sich im Bewußtsein Regeln ausbilden, durch die mentale Repräsentationen fest miteinander verbunden werden. Beim Auftreten solcher mentaler Repräsentationen werden daher andere mentale Repräsentationen zwangsläufig mit ihnen assoziiert, weshalb es bei bestimmten Phänomenen nicht möglich ist, diese ohne andere assoziierte Phänomene vorzustellen. Die Unvorstellbarkeit bestimmter Sachverhalte kann demnach auf der Grundlage von Assoziationsgesetzen psychologisch erklärt werden. Zusätzlich begründet Mill die Behauptung, daß die Unvorstellbarkeit der Negation von Aussagen kein sicheres Kriterium für deren Wahrheit ist, indem er sich auf Beispiele aus der Wissenschaftsgeschichte bezieht. Er illustriert, daß viele Behauptungen, die anfangs als unvorstellbar angesehen wurden, sich später als wahr herausstellten. Daraus folgert Mill, daß die Unvorstellbarkeit der Negation von Aussagen nichts über reale Unmöglichkeit, sondern nur über die Assoziationsgesetze aussagt, die im Bewußtsein von Erkenntnissubjekten vorliegen. (Ebd. 238, 240, 242) Das heißt, daß aus der Unvorstellbarkeit der Negation der Axiome der Geometrie nicht folgt, daß diese Axiome notwendigerweise wahr sind. Damit wendet sich Mill gegen Whewhells Argumentation, indem er deren Voraussetzung, die notwendige Wahrheit der Axiome der Geometrie, bestreitet. Statt dessen behauptet er, daß die Axiome der Geometrie keinen größeren Anspruch auf Gültigkeit erheben können als andere empirische Aussagen. (Ebd. 252)

In diesem Zusammenhang wird deutlich, daß Mill, indem er gegen die Möglichkeit eines Kriteriums für die notwendige Wahrheit von Aussagen argumentiert, eine fallibilistische Position vertritt. Danach ist es prinzipiell möglich, daß alle Aussagen, die als wahr angesehen werden, falsch sind. Dieser Fallibilismus steht in Übereinstimmung mit Mills Empirismus. Da alles Wissen als empirisches Wissen auf Induktion beruht und weil induktives Schließen im Unterschied zum deduktiven Schließen nicht unter allen Umständen wahrheitskonservierend ist, kann es kein absolut sicheres Wissen geben.

Das zweite Argument, mit dem sich Mill gegen die Auffassung wendet, daß die Formalwissenschaften apriorische Wissenschaften sind, bezieht sich auf die Möglichkeit der Begründung formalwissenschaftlicher Aussagen. Mill behauptet, daß prinzipiell alle Aussagen der Geometrie, Arithmetik und Logik mit Bezug auf empirische Erfahrung hinreichend begründet werden können. Daher ist er der Auffassung, daß eine zusätzliche apriorische Begründung unnötig ist:

»... daß die Wahrheit des Axioms ›Zwei gerade Linien können keinen Raum umschließen‹ selbst wenn sie unabhängig von der Erfahrung offensichtlich ist, ebenfalls aufgrund von Erfahrung offensichtlich ist. Ob dieses Axiom Bestätigung benötigt oder nicht, es erhält Bestätigung in nahezu jedem Augenblick unseres Lebens, da wir nicht zwei gerade Linien betrachten können, die sich schneiden, ohne zu sehen, daß sie von diesem Punkt an kontinuierlich divergieren. Experimentelle Beweise sammeln sich in uns in einer solch endlosen Überfülle an, ohne daß es einen einzigen Fall gibt, in dem der Verdacht auf eine Ausnahme von der Regel entsteht, so daß wir bald stärkere Gründe haben müßten, an dieses Axiom auch als experimentelle Wahrheit zu glauben, als wir für die meisten allgemeinen Wahrheiten haben, die wir zugegebenermaßen durch Erfahrung lernen. Unabhängig von apriorischen Beweisen müßten wir an sie [die Axiome der Geometrie; R.S.] mit einer Intensität der Überzeugung glauben, die weitaus größer ist als die, die wir jeder anderen normalen physikalischen Wahrheit zuschreiben ... Worin liegt daher die Notwendigkeit für die Annahme, daß unser Erkennen dieser Wahrheiten einen Ursprung hat, der sich von dem unseres anderen Wissens unterscheidet, wenn doch dessen Existenz vollkommen durch die Annahme erklärt werden kann, daß beide den gleichen Ursprung besitzen?« (Ebd. 231 f.)

Zum einen wird dadurch deutlich, daß laut Mill die Beweislast bei denen liegt, die behaupten, daß die Axiome der Formalwissenschaften nicht durch Erfahrung, sondern nur a priori begründet werden können. Zum anderen geht aus der zitierten Passage hervor, daß Mill den Unterschied hinsichtlich des Gewißheitsgrades, der zwischen natur- und formalwissenschaftlichen Aussagen besteht, damit erklärt, daß die letzteren ausnahmslos durch *alle* Erfahrungen bestätigt werden. An anderer Stelle weist er ebenfalls darauf hin, daß die Axiome der Formalwissenschaften die allgemeinsten und umfassendsten induktiven Verallgemeinerungen sind, die sich auf alle empirischen Phänomene beziehen. (Ebd. 252) Beispielsweise formuliert er im Zusammenhang seiner Überlegungen zur Arithmetik:

»Alle Zahlen müssen Zahlen von etwas sein: es gibt nicht so etwas wie abstrakte Zahlen. *Zehn* muß ›zehn Körper‹ oder ›zehn Töne‹ oder ›zehn Pulsschläge‹ bedeuten. Aber obwohl Zahlen von etwas sein müssen, können sie Zahlen von allem sein. Daher haben Aussagen bezüglich Zahlen die bemerkenswerte Eigentümlichkeit, daß sie Aussagen bezüglich aller Dinge sind ... Die Aussage, 2 (a+b) = 2a + 2b, ist eine Wahrheit, die mit der gesamten Natur koextensiv ist.« (Ebd. 255)

Die Axiome der Formalwissenschaften werden von Mill daher als empirische Aussagen betrachtet, die eine größere Gewißheit als zum Beispiel die Aussagen der Physik oder der Chemie besitzen, weil sie sich auf alle möglichen empirischen Phänomene beziehen und durch diese bestätigt werden. Allerdings stellt sich angesichts der extremen Allgemeinheit formalwissenschaftlicher Aussagen die Frage, worin ihr empirischer Gehalt bestehen soll. Legt man zum Beispiel Karl Poppers Kriterium zugrunde, wonach nur solche Aussagen empirischen Gehalt besitzen, die prinzipiell durch Erfahrung falsifizierbar sind, dann können die formalwissenschaftlichen Aussagen in Mills Konzeption keinen empirischen Gehalt besitzen.[44] Weil diese Aussagen durch alle Erfahrungen bestätigt werden, gibt es keine empirischen Bedingungen, unter denen sie falsifizierbar sind. Dieses Problem wird von Mill nicht wahrgenommen, weil er alle auf Induktion beruhenden Aussagen unterschiedslos als empirisch gehaltvoll ansieht.

Den Unterschied zwischen Natur- und Formalwissenschaften, den er als den Unterschied zwischen *experimentellen* und *deduktiven Wissenschaften* kennzeichnet (SL 218 f.), betrachtet Mill als graduellen Unterschied zwischen empirischen Wissenschaften. Experimentelle und deduktive Wissenschaften werden von ihm mit Hilfe des Kriteriums unterschieden, in welchem Umfang sie zur Erklärung bislang unberücksichtigter empirischer Phänomene Experimente anstellen müssen. Experimentelle Wissenschaften sind dadurch gekennzeichnet, daß sie zur Erklärung solcher Phänomene neue Experimente durchführen und auf deren Grundlage neue Theorien bilden müssen, weil sie die meisten neuen Phänomene nicht mit Bezugnahme auf vorhandene Theorien erklären können. Im Unterschied dazu zeichnen sich deduktive Wissenschaften dadurch aus, daß sie bislang nicht erklärte Phänomene überwiegend mit Bezugnahme auf bereits bestehende Theorien erklären können, indem die jeweilige Erklärung aus diesen Theorien deduktiv hergeleitet wird. (Ebd.) Experimentelle und deduktive Wissenschaften unterscheiden sich damit nicht hinsichtlich ihrer Stellung als empirische Wissenschaften, sondern sie unterscheiden sich hinsichtlich des Umfangs ihres Gegenstandsbereichs und der Komplexität ihrer Theorien. Während es im Rahmen von Theorien mit einem großen Gegenstandsbereich, deren einzelne Theorieteile zudem in enger Verbindung miteinander stehen, aufgrund dieser Organisation möglich ist, unberücksichtigte empirische Phänomene im Rückgriff auf bereits bestehende Theorien zu erklären, ist das experimentelle Vorgehen genau dann erforderlich, wenn ein solcher Rückgriff aufgrund des zu geringen Umfangs des Gegenstandsbereichs und der zu geringen Komplexität von Theorien nicht möglich ist.

Mill ergänzt diese Konzeption durch die folgende These

hinsichtlich der Entwicklung von Wissenschaften. Der Unterschied zwischen experimentellen und deduktiven Wissenschaften ist nicht nur graduell, sondern zudem ein Unterschied hinsichtlich des Entwicklungsstandes von Wissenschaften. Jede Wissenschaft ist im Anfangsstadium ihrer Entwicklung eine experimentelle Wissenschaft und besitzt die Tendenz, im Zuge ihrer Entwicklung zu einer deduktiven Wissenschaft zu werden. Der Grund des Unterschieds beispielsweise zwischen der experimentell verfahrenden Chemie und der deduktiv verfahrenden Mathematik liegt demnach nicht darin, daß sich beide Wissenschaften mit grundsätzlich verschiedenen Inhalten beschäftigen, die entweder nur ein experimentelles oder nur ein deduzierendes Vorgehen gestatten, sondern darin, daß sich Chemie und Mathematik in unterschiedlichen Entwicklungsstadien befinden.

Der These, daß jeder Wissenschaft die Tendenz inhärent ist, sich von einer experimentellen zu einer deduktiven Wissenschaft zu entwickeln, liegt Mills Erklärungsbegriff zugrunde. Danach werden sowohl einzelne empirische Phänomene als auch kausale Gesetze erklärt, indem man die kausalen Gesetze bestimmt, die den zu erklärenden Phänomenen und Kausalgesetzen zugrunde liegen:

»Von einem individuellen Faktum sagt man, daß man es erklärt, indem man seine Ursache bestimmt, das heißt, indem man das kausale Gesetz oder die kausalen Gesetze bestimmt, durch die es als Einzelfall hervorgerufen wird ... Und in einer ähnlichen Weise wird von einem Gesetz oder einer Uniformität der Natur gesagt, daß es erklärt wird, wenn ein anderes Gesetz oder Gesetze bestimmt werden, von denen jenes Gesetz selber nur ein bestimmter Fall ist, und aus denen es deduziert werden kann.« (Ebd. 464)

Ein empirisches Phänomen wird demnach erklärt, indem man ein kausales Gesetz aufstellt, ein bestimmtes Phänomen als Ursache identifiziert und das zu erklärende Phänomen als Wirkung gemäß dem Kausalgesetz deduktiv herleitet.

Hingegen werden kausale Gesetze erklärt, indem sie unter allgemeinere kausale Gesetze subsumiert werden, aus denen sie dann deduktiv herleitbar sind. Dieser Erklärungsbegriff weist große Ähnlichkeit zu der von Hempel und Oppenheim entwickelten Konzeption auf, die als *deduktiv-nomologische Erklärung* und als HO-Schema bezeichnet wird.[45] Gemäß dieser Konzeption besteht eine Erklärung ebenfalls darin, daß das Explanandum aus einer Anzahl von Anfangsbedingungen (zum Beispiel Ursachen) und Gesetzen (zum Beispiel Kausalgesetzen) durch Deduktion hergeleitet wird. Der Erklärungsbegriff Mills war Hempel und Oppenheim bekannt und wurde von ihnen bei der Entwicklung des deduktiv-nomologischen Erklärungsbegriffs berücksichtigt.

Mill unterscheidet drei Typen der Erklärung von Kausalgesetzen, wobei diesen Erklärungsweisen gemeinsam sein soll, daß das Explanandum unter allgemeinere Gesetze subsumiert wird (SL 464 ff.):

1. Ein Kausalgesetz, das eine komplexe Wirkung beschreibt, kann erklärt werden, indem man dieses Gesetz in mehrere kausale Gesetze analysiert, die jeweils bestimmte Aspekte der komplexen Wirkung beschreiben.
2. Ein Kausalgesetz kann erklärt werden, indem man zwischen die von ihm beschriebene Ursache und Wirkung weitere Zwischenglieder einfügt.
3. Ein Kausalgesetz kann erklärt werden, indem man es direkt als Spezialfall unter ein allgemeineres kausales Gesetz subsumiert.

Indem Kausalgesetze auf diese Weise durch allgemeinere Kausalgesetze erklärt werden, nimmt sowohl der Umfang des Gegenstandsbereichs von Theorien als auch die Verbindung ihrer einzelnen Theorieteile untereinander zu. Deshalb wächst mit jeder Erklärung von Kausalgesetzen die Anzahl derjenigen Kausalgesetze, die aus allgemeineren Kausalgesetzen deduktiv herleitbar sind. Die Tendenz, sich von einer experimentellen zu einer deduktiven Wissenschaft zu entwickeln, ist daher jeder Wissenschaft inhärent, weil diese Entwicklungstendenz mit der Funktion der Wissenschaft, Kausalgesetze durch allgemeinere Kausalgesetze zu erklären, untrennbar verbunden ist.

Mills Konzeption der Wissenschaft ist eine naturalistische Theorie. Unter »Naturalismus« wird dabei in Orientierung an Quine die These von der universellen Erklärungskompetenz der Naturwissenschaft verstanden.[46] Damit wird behauptet, daß es nichts gibt, das nicht mit den Mitteln der Naturwissenschaft erklärt werden kann. Alle Geltungsansprüche können danach allein auf naturwissenschaftlich erfaßte Tatsachen gestützt werden. Der Naturalismus in diesem Sinne ist also ein methodologischer Monismus. Mit seiner Konzeption der Wissenschaft stimmt Mill der naturalistischen These von der universellen Erklärungskompetenz der Naturwissenschaft zu, weil er den Unterschied zwischen Formal- und Naturwissenschaften als graduelle Differenz betrachtet. Zum Beispiel kann Mill zufolge in den Geisteswissenschaften der gleiche Erklärungsbegriff verwendet werden wie in den Naturwissenschaften. Zur Erklärung menschlicher Handlungen durch Motive und Intentionen können demnach ebenso wie in den Naturwissenschaften kausale Erklärungen herangezogen werden. (SL Buch VII, bes. Kap. II-IV) Daher ist es gerechtfertigt, Mills Wissenschaftstheorie als naturalistisch zu bezeichnen.

2.7 Das Induktionsproblem: Mills naturalistischer Ansatz zur Begründung einer Methodologie der Induktion

Das Induktionsproblem, das Mill als das zentrale Problem des *Systems der Logik* betrachtet, wird von ihm im Anschluß an die dargestellten Untersuchungen im dritten Buch des *Systems der Logik* thematisiert. Dieses Problem setzt sich für

Mill aus zwei Teilproblemen zusammen. Erstens liegt dem Induktionsproblem als *Methodenproblem* die Frage zugrunde, durch welche Methoden induktive Schlüsse angeleitet und geprüft werden können. Zweitens enthält das Induktionsproblem als *Begründungsproblem* die Frage nach den Voraussetzungen der induktiven Methoden. Zur Lösung des Induktionsproblems entwickelt Mill eine Methodologie der Induktion, deren Methoden auf der von mir im folgenden als »Uniformitätsannahme« bezeichneten ontologischen Voraussetzung beruhen, daß alle empirischen Phänomene nach uniformen kausalen Gesetzen auftreten. Er wird dabei von dem theoretischen Motiv geleitet, einen naturalistischen Ansatz zu entwickeln, dessen Begründungen sich ausschließlich auf empirisches Wissen stützen. Da Mills Verständnis des Induktionsproblems wiederholt zu Unrecht mit Humes Verständnis dieses Problems gleichgesetzt wurde, soll zuerst der Unterschied zwischen beiden Auffassungen dargestellt werden.[47] Im Anschluß daran wird Mills induktive Methodologie und sein Ansatz zur Begründung der Methoden dargestellt. Abschließend wird darauf eingegangen, aus welchen Gründen Mills Position als naturalistischer Ansatz bezeichnet werden kann.

Humes Verständnis des Induktionsproblems, das er im *Traktat über die menschliche Natur* (1739/40) und in der *Untersuchung über den menschlichen Verstand* (1758) thematisiert, liegt die folgende Überlegung hinsichtlich der formalen Eigenschaften deduktiver und induktiver Schlüsse zugrunde.[48] Deduktive Schlüsse sind grundsätzlich wahrheitskonservierend. Das heißt, daß alle Aussagen, die aus wahren Aussagen korrekt deduktiv hergeleitet werden können, ihrerseits wahre Aussagen sind. Die Voraussetzung dafür, daß deduktive Schlüsse wahrheitskonservierend sind, besteht darin, daß sie nicht gehaltserweiternd sind. In den Konklusionen deduktiver Schlüsse wird nichts behauptet, was nicht bereits in deren Prämissen enthalten ist. Deduktive Schlüsse sind damit wahrheitskonservierend, *weil* sie nicht gehaltserweiternd sind. Im Unterschied dazu sind induktive Schlüsse erstens gehaltserweiternd. Ihre Konklusionen enthalten Behauptungen über größere Gegenstandsbereiche als die induktiven Prämissen. Zweitens sollen induktive Schlüsse dann, wenn sie mit dem Anspruch aufgestellt werden, zu wahren Konklusionen zu führen, auch wahrheitskonservierend sein. Da diese beiden formalen Bestimmungen induktiver Schlüsse im Konflikt miteinander stehen, stellt sich für Hume das Induktionsproblem als die Frage, ob der Anspruch induktiver Schlüsse, sowohl gehaltserweiternd als auch wahrheitskonservierend zu sein, mit Bezug auf einen allen Induktionen gemeinsam zugrunde liegenden Geltungsgrund gerechtfertigt werden kann. Indem Hume diese Frage negativ beantwortet, bestreitet er, daß der Anspruch induktiver Schlüsse, sowohl gehaltserweiternd als auch wahrheitskonservierend zu sein, begründet werden kann. Statt dessen behauptet er, daß die Annahme der Uniformität der Natur, die beim induktiven Schließen vorausgesetzt wird, lediglich psychologisch dadurch erklärt werden kann, daß Phänomene, die häufig in zeitlicher Folge auftreten, im Bewußtsein miteinander assoziiert werden. Hume vertritt damit in Bezug auf den Geltungsanspruch induktiver Schlüsse eine skeptische Position.

Der Eindruck, daß Hume und Mill unter dem Induktionsproblem die gleiche Fragestellung verstehen, entsteht erstens dadurch, daß Mill ebenso wie Hume unter der Uniformitätsannahme die ontologische Behauptung versteht, daß alle empirischen Phänomene nach uniformen kausalen Gesetzen auftreten. Zweitens spricht für diese Interpretation, daß Mill im dritten Kapitel des dritten Buchs des *Systems der Logik* unter der Überschrift »Über den Grund der Induktion« die Uniformitätsannahme als das Prinzip der Induktion thematisiert, das allen Induktionen als Bedingung für deren Gültigkeit zugrunde liegen soll. (SL 306 ff.) Da Mill nicht explizit auf Unterschiede zwischen seinem und Humes Verständnis des Induktionsproblems hinweist, haben viele Autoren – unter ihnen auch Charles S. Peirce – Mills Uniformitätsannahme im Sinne eines allgemeinen Geltungsgrundes induktiver Schlüsse interpretiert.[42] Im folgenden wird dafür argumentiert, daß Mills Verständnis des Induktionsproblems von dem Verständnis Humes in grundlegender Hinsicht verschieden ist. Im Zusammenhang mit dieser Argumentation wird auch auf die mehrdeutigen Ausführungen Mills eingegangen, auf die sich diejenigen Interpretationen stützen, denen zufolge Mill und Hume unter dem Induktionsproblem die gleiche Fragestellung verstehen.

Mill präzisiert sein Verständnis des Induktionsproblems, indem er einige Induktionsbeispiele untersucht, die sich sowohl hinsichtlich des Umfangs ihrer induktiven Basis als auch hinsichtlich ihrer Gültigkeit voneinander unterscheiden. (SL 313 f.) Mit Bezug auf diese Induktionsbeispiele formuliert er das Induktionsproblem als die Frage, aus welchen Gründen manche Induktionen gültig und manche ungültig sind:

»Warum ist in einigen Fällen ein einziges Beispiel hinreichend für eine vollständige Induktion, während in anderen [Fällen; R.S.] Myraden von übereinstimmenden Beispielen, ohne daß eine einzige Ausnahme bekannt ist oder angenommen wird, so wenig zur Etablierung einer allgemeinen Aussage beitragen? *Wer auch immer diese Frage beantworten kann, weiß mehr von der Philosophie der Logik als der Weiseste der Philosophen des Altertums und hat das Induktionsproblem gelöst.*« (Ebd. 314, Hervorhebung von mir, R.S.)

Das Induktionsproblem stellt sich für Mill demnach auf einer anderen Ebene als für Hume. Im Unterschied zu Hume befaßt sich Mill nicht mit der Frage, ob der generelle Geltungsanspruch induktiver Schlüsse gerechtfertigt werden kann, sondern er setzt die Rechtmäßigkeit dieses Geltungsanspruchs als unproblematisch voraus. Aus diesem Grund haben Mills Überlegungen zum Induktionsproblem nicht das Ziel, einen allgemeinen Geltungsgrund induktiven Schließens aufzuweisen und Humes skeptische Position zu widerlegen. Statt dessen geht Mill von der Voraussetzung aus, daß induktive Schlüsse unter bestimmten Bedingungen gehaltserweiternd und wahrheitskonservierend sein können, und formuliert das Induktionsproblem als die Frage nach den Bedingungen, unter denen induktive Schlüsse sowohl gehaltserweiternd als auch wahrheitskonservierend und damit gültig sind.

Mills Frage nach den Bedingungen der Gültigkeit von Induktionen schließt zwei miteinander im Zusammenhang stehende Fragestellungen in sich:

Die erste Fragestellung bezieht sich auf ein *Methodenproblem*: Die Bedingungen, die gültige Induktionen erfüllen müssen, sind methodische Bedingungen. Diese Methoden werden von Mill primär als Methoden zur Prüfung bereits aufgestellter Induktionen betrachtet. Hingegen wird der heuristische Wert dieser Methoden für das methodengeleitete, experimentierende Aufstellen von Induktionen von ihm nur als sekundärer Aspekt betrachtet. Es handelt sich damit bei diesen Methoden primär um *Begründungs-* und sekundär um *Entdeckungsmethoden*. (SL 283 ff., 325, 381 ff., 406) Im Zusammenhang mit dieser ersten Fragestellung beschreibt Mill daher die Methoden zur Prüfung und Anleitung induktiver Schlüsse.

Die zweite Fragestellung bezieht sich auf ein *Begründungsproblem*: Die Methoden, anhand derer Induktionen geprüft und angeleitet werden, beruhen Mill zufolge auf der Uniformitätsannahme. Er lehnt aufgrund seiner empiristischen Erkenntnistheorie eine apriorische Begründung der Uniformitätsannahme ab und bemüht sich statt dessen darum, die Uniformitätsannahme mit Hilfe induktiver Schlüsse empirisch zu begründen. Weil die Methoden zur Prüfung und Anleitung induktiver Schlüsse die Uniformitätsannahme voraussetzen, stellt sich an Mills Begründungsansatz die Anforderung, daß dieser Ansatz nur unter der Bedingung zirkelfrei ist, daß bei der Begründung der Uniformitätsannahme die Methoden zur Prüfung und Anleitung induktiven

Schließens nicht in Anspruch genommen werden. Im folgenden soll zuerst auf Mills Methodenproblem und anschließend auf sein Begründungsproblem eingegangen werden.

Dem Methodenproblem liegt Mills Auffassung zugrunde, wonach die Funktion induktiver Schlüsse darin besteht, Erklärungen für empirische Phänomene bereitzustellen. (Ebd. 299) Auf der Grundlage des im vorangegangenen Kapitel beschriebenen Erklärungsbegriffs präzisiert Mill die Funktion induktiver Schlüsse folgendermaßen: Induktive Schlüsse haben die Funktion, empirische Phänomene zu erklären, indem sie kausale Gesetze aufstellen und die Ursachen der zu erklärenden Phänomene identifizieren. (Ebd. 377 f., 464 ff.) Aufgrund dieser Funktion müssen die Methoden zur Prüfung und Anleitung induktiver Schlüsse Behauptungen darüber enthalten, unter welchen Bedingungen kausale Gesetze aufgestellt und die Ursachen der zu erklärenden Phänomene bestimmt werden können. Bevor diese Methoden im einzelnen beschrieben werden, muß zuerst auf Mills Konzeption von Kausalität eingegangen werden.

Die Uniformitätsannahme wird von Mill als die Behauptung präzisiert, daß es eine allgemeine Kausalität gibt, beziehungsweise daß jedes Phänomen eine Ursache besitzt. (Ebd. 325, 570, 575) Da sich die Uniformitätsannahme laut Mill ausschließlich auf den Bereich empirischer Erfahrung erstreckt, wird mit ihr behauptet, daß es zu jedem empirischen Phänomen ein anderes empirisches Phänomen gibt, das Ursache des ersteren ist. Mill weist ausdrücklich darauf hin, daß er sich in seinen Überlegungen zur Methodologie der Induktion ausschließlich auf solche Ursachen empirischer Phänomene bezieht, die ihrerseits empirische Phänomene und nicht etwa den Phänomenen als solchen zugrundeliegende noumenale »Dinge an sich« sind. (Ebd. 323 ff.) Weiterhin unterscheidet Mill zwischen zwei Typen von Kausalgesetzen: Sukzessions- und Koexistenzgesetzen. (Ebd. 342 ff.) Im ersteren Fall geht die Ursache der Wirkung zeitlich voran, während im zweiten Fall Ursache und Wirkung zeitlich koexistieren. Der Fall, daß die Wirkung der Ursache zeitlich vorangeht, wird von Mill ausgeschlossen. Obwohl durch Mills Unterscheidung zwischen diesen beiden Typen von Kausalgesetzen der Eindruck entsteht, daß er Sukzessions- und Koexistenzgesetze als gleichermaßen relevant betrachtet, berücksichtigt er sowohl im Rahmen seiner Konzeption der Kausalität als auch im Zusammenhang seiner Methodologie nur die Sukzessionsgesetze. Den Begriff der Ursache definiert Mill folgendermaßen:

Eine Ursache ist ein empirisches Phänomen, dem ein anderes empirisches Phänomen als Wirkung unveränderlich und unbedingt folgt. (Ebd. 327, 332 ff., 338 ff.)

Diese Definition enthält erstens die Bestimmung, daß die Wirkung der Ursache unveränderlich folgt. Damit behauptet Mill, daß Ursachen hinreichende Bedingungen ihrer Wirkungen sind. Dagegen sind Ursachen nicht notwendige oder notwendige und hinreichende Bedingungen ihrer Wirkungen, da es Mill zufolge zu jedem Phänomen mehrere Ursachen geben kann. Zweitens findet sich in der Definition des Ursachenbegriffs die Bestimmung, daß die Wirkung der Ursache unbedingt folgt. Diese zweite Bestimmung, mit der Mill die Notwendigkeit des Zusammenhangs zwischen Ursache und Wirkung hervorheben will, ist eigentlich überflüssig, da bereits durch die erste Bestimmung festgelegt ist, daß die Wirkung der Ursache stets folgt. Indem Mill Ursachen als hinreichende Bedingungen ihrer Wirkungen definiert, weicht er von dem zu seinen Lebzeiten gängigen Verständnis von Ursachen ab, wonach unter Ursachen Phänomene verstanden werden, die zur Herbeiführung bestimmter Wirkungen zwar unentbehrlich sind, die aber für sich genommen nicht hinreichen, um die Wirkungen herbeizuführen. Beispielsweise wird nach diesem Verständnis der Umstand, daß jemand etwas Vergiftetes gegessen hat, als Ursache seines Todes bezeichnet. Gemäß Mills Ursachenbegriff ist diese

Erklärung unvollständig und muß durch die Beschreibung aller relevanten Bedingungen, wie beispielsweise des gesundheitlichen Zustands der vergifteten Person etc. ergänzt werden, weil erst die Konjunktion dieser einzelnen Bedingungen zusammen die hinreichende Bedingung der betreffenden Wirkung darstellen soll. (Ebd. 327 ff.) Ursachen sind daher laut Mill Konjunktionen von positiven und negativen Bedingungen, wobei er unter negativen Bedingungen die Abwesenheit von Phänomenen versteht, die das Eintreten bestimmter Wirkungen verhindern. Aus dieser Konzeption der Kausalität ergeben sich für Mills Methodologie die beiden folgenden Anforderungen: 1) Mills Methoden müssen gewährleisten, daß ausschließlich solche Phänomene als Ursachen bestimmt werden, die hinreichende Bedingungen ihrer Wirkungen sind. 2) Seine Methoden müssen garantieren, daß nur solche Phänomene als Wirkungen bestimmt werden, die ihren Ursachen unveränderlich zeitlich folgen.

Insgesamt beschreibt Mill sechs verschiedene Methoden, denen erstens gemeinsam ist, daß jede insofern auf induktives Schließen bezogen ist, als sie entweder vollständige Methoden zur Prüfung und Anleitung induktiver Schlüsse darstellen oder Teilschritte enthalten, die sich auf induktives Schließen beziehen. Zweitens stimmen sie darin überein, daß es sich um eliminative Methoden handelt, mit deren Hilfe kausale Beziehungen durch Ausschluß derjenigen Phänomene bestimmt werden, die als Ursachen oder Wirkungen nicht in Frage kommen. (Ebd. 392)[50] Allerdings unterscheiden sich diese Methoden hinsichtlich der Bedingungen, unter denen sie zur Anwendung kommen können: Während es sich bei den vier induktiven Methoden – der *Methode der Übereinstimmung*, der *Methode des Unterschieds*, der *Restmethode* und der *Methode der gleichzeitigen Abwandlung* – Mill zufolge um Methoden handelt, die nur dann angewendet werden können, wenn die untersuchten Phänomene in Experimenten direkt beobachtbar sind, sollen sich die *Deduktive Methode* und die *Hypothetische Methode* besonders zur

Untersuchung von komplexen und umfangreichen Phänomenen wie beispielsweise astronomischen Phänomenen eignen, die nicht direkt in Experimenten untersucht werden können. (Ebd. 406, 454, 460 ff.) Diese beiden zuletzt genannten Methoden nehmen die vier induktiven Methoden wiederum in Anspruch, weil sie Teilschritte enthalten, in denen die induktiven Methoden zur Anwendung kommen. Im folgenden werden zuerst die vier induktiven Methoden und anschließend die Deduktive Methode und die Hypothetische Methode dargestellt.

Mit der Methode der Übereinstimmung formuliert Mill, daß zwei Phänomene in einem kausalen Verhältnis zueinander stehen, wenn diese Phänomene auch unter veränderten Bedingungen beständig gemeinsam in zeitlicher Folge auftreten:

»Wenn zwei oder mehrere Fälle des untersuchten Phänomens nur einen Umstand gemeinsam haben, dann ist dieser Umstand, in dem allein alle Fälle übereinstimmen, die Ursache (oder Wirkung) des betreffenden Phänomens.« (Ebd. 390)

Mill veranschaulicht diese Methode, indem er einige Phänomene mit großen Buchstaben und ihnen zeitlich folgende Phänomene mit kleinen Buchstaben bezeichnet und folgendes Beispiel konstruiert: Wenn in Experimenten festgestellt wird, daß auf das Phänomen ABC stets das Phänomen abc und auf das Phänomen ADE stets das Phänomen ade zeitlich folgt, dann kann nach der Methode der Übereinstimmung geschlossen werden, daß das Phänomen a die Wirkung des Phänomens A ist, weil sich a stets einstellt, wenn A vorliegt.

Mit der zweiten induktiven Methode, der Methode des Unterschieds, behauptet Mill, daß zwei Phänomene im Verhältnis von Ursache und Wirkung zueinander stehen, wenn sie unter bestimmten Umständen gemeinsam in zeitlicher Folge auftreten und unter anderen Umständen gemeinsam nicht auftreten:

»Wenn ein Fall, in dem das untersuchte Phänomen auftritt, und ein Fall, in dem es nicht auftritt, in allen Umständen außer einem übereinstimmen, der allein im ersten Fall auftritt, dann ist dieser Umstand, in dem allein sich die beiden Fälle unterscheiden, die Wirkung oder die Ursache oder ein unentbehrlicher Teil der Ursache des Phänomens.« (Ebd. 391)

Gemäß diesem Prinzip kann beispielsweise ausgehend von der Beobachtung, daß auf das Phänomen ABC das Phänomen abc und auf das Phänomen BC das Phänomen bc folgt, geschlossen werden, daß A und a im Verhältnis von Ursache und Wirkung zueinander stehen.

Die Restmethode beschreibt, wie kausale Beziehungen mit Bezug auf andere, bereits identifizierte kausale Beziehungen bestimmt werden können:

»Ziehe von irgendeinem Phänomen denjenigen Teil ab, von dem bereits durch vorhergehende Induktionen bekannt ist, daß er die Wirkung bestimmter vorangehender Phänomene ist, und der Rest des Phänomens ist die Wirkung der übrig gebliebenen vorangehenden Phänomene.« (Ebd. 398)

Wenn beispielsweise von dem Phänomen ABC, dem das Phänomen abc beständig zeitlich folgt, bekannt ist, daß A die Ursache von a und B die Ursache von b ist, dann kann nach der Restmethode geschlossen werden, daß C die Ursache von c ist. Allerdings räumt Mill ein, daß diese Methode nur dann verläßlich ist, wenn sichergestellt ist, daß C tatsächlich das einzige Phänomen ist, dem c beständig zeitlich folgt.

Mit der Methode der gleichzeitigen Abwandlung behauptet Mill, daß kovariante Phänomene in kausaler Relation zueinander stehen:

»Welches Phänomen auch immer in irgendeiner Weise variiert, wenn ein anderes Phänomen in einer bestimmten Weise variiert, ist entweder eine Ursache oder eine Wirkung von diesem Phänomen ...« (Ebd. 401)

Allerdings weist Mill einschränkend darauf hin, daß kovariante Phänomene ebenfalls die gemeinsamen Wirkungen eines anderen Phänomens sein können. Aus diesem Grund müssen die mit Hilfe der Methode der Abwandlung aufgestellten Behauptungen dadurch abgesichert werden, daß sie anhand der anderen induktiven Methoden überprüft werden.

Mit den dargestellten vier induktiven Methoden, die sich in ähnlicher Form bereits in der 1830 veröffentlichten und Mill bekannten Arbeit *Einleitende Überlegungen zur Untersuchung der Naturwissenschaft* des englischen Physikers, Astronomen und Wissenschaftstheoretikers William Herschel finden, erhebt Mill den Vollständigkeitsanspruch, alle möglichen Methoden zum Prüfen und Anleiten experimenteller Untersuchungen zu beschreiben. (SL 406)[51] Dieser Anspruch wird beispielsweise von Skorupski kritisiert, der zu Recht darauf hinweist, daß Mills induktive Methoden insofern unvollständig sind, als sie dem von Mill selber hervorgehobenen Umstand nicht Rechnung tragen, daß Phänomene mehrere Ursachen haben können.[52]

Die Deduktive Methode unterscheidet sich von den induktiven Methoden durch ihre beiden Funktionen. (Ebd. 454 ff., 464, 471 ff., 482 f.) Ihre erste Funktion besteht Mill zufolge darin, die Ursachen von komplexen Phänomenen zu identifizieren, die im Zusammenhang mit Experimenten direkter Beobachtung nicht zugänglich sind und auf die aus diesem Grunde die dargestellten induktiven Methoden nicht direkt angewendet werden können. Mit Bezug auf diese Funktion werden mit Hilfe der Deduktiven Methode demnach Kausalgesetze zur Erklärung komplexer empirischer Phänomene aufgestellt. Die zweite Funktion der Deduktiven Methode bezieht sich auf die Erklärung von Kausalgesetzen. Wie im vorangegangenen Kapitel im Zusammenhang mit Mills Erklärungsbegriff dargestellt wurde, werden Kausalgesetze erklärt, indem sie unter allgemeinere Kausalgesetze subsumiert werden. Die zweite Funktion der Deduktiven Methode besteht daher darin, die zur Erklärung von Kausalgesetzen verwendeten, allgemeineren Kausalgesetze aufzustellen. Weil die spezielleren Kausalgesetze aus den allgemeineren deduktiv hergeleitet werden können, trägt die Deduktive Methode mit dieser zweiten Funktion dazu bei, daß sich die Wissenschaften von Erfahrungswissenschaften zu deduktiven Wissenschaften entwickeln.

Die Deduktive Methode ist aus den folgenden drei Teilschritten zusammengesetzt: 1) Der *induktive Schritt,* der durch die vier induktiven Methoden geprüft und angeleitet werden muß, hat die Funktion, alle kausalen Beziehungen zu bestimmen, die im Zusammenhang mit dem Auftreten des untersuchten komplexen Phänomens stehen. Auf diese Weise wird bestimmt, welche Phänomene mögliche Ursachen des untersuchten Phänomens sind. 2) Im *deduktiven Schritt* werden aus den induktiv aufgestellten Kausalgesetzen Konsequenzen deduktiv abgeleitet, die durch direkte Beobachtung überprüfbar sind. Dabei können einerseits die zu erwartenden Wirkungen untersucht werden, indem gefragt wird, welche Wirkungen sich bei bestimmten Kombinationen von Ursachen einstellen. Andererseits können Kausalgesetze identifiziert werden, die gegebenen Phänomenen zugrunde liegen, indem man untersucht, aus welcher Kombination von Ursachen bestimmte Wirkungen hergeleitet werden können. 3) Der *verifizierende Schritt* hat die Funktion, die deduktiv hergeleiteten Konsequenzen durch direkte Beobachtung zu überprüfen. Während die Übereinstimmung der aus den Kausalgesetzen deduzierten Konsequenzen mit den Ergebnissen der direkten Beobachtung die Annahme der betreffenden Kausalgesetze stützt, werden sie durch fehlende Übereinstimmung zwischen den deduzierten Konsequenzen und den Beobachtungsergebnissen widerlegt.

Die Hypothetische Methode ist Mill zufolge ebenso wie die Deduktive Methode geeignet, die Ursachen komplexer Phänomene zu identifizieren, die sich der direkten Untersuchung in Experimenten entziehen. (Ebd. 490 ff.) Im Unterschied zur Deduktiven Methode kann die Hypothetische Methode aber bereits zur Anwendung kommen, wenn eine sehr viel geringere Basis von Beobachtungen vorliegt, als zur Anwendung der Deduktiven Methode erforderlich ist. Deshalb eignet sie sich laut Mill besonders dazu, im Vorfeld empirischer Untersuchungen Entscheidungen darüber zu treffen, welche Experimente am aussichtsreichsten sind. (Ebd. 496 ff.) Aufgrund dieser Funktion betrachtet Mill die Hypothetische Methode für die Wissenschaft als unentbehrlich. Sie benötigt zu ihrer Anwendung nur eine geringe empirische Basis, weil der erste Schritt der Hypothetischen Methode, deren Aufbau dem der Deduktiven Methode ähnlich ist, nicht in einer Induktion besteht, sondern durch ein weitaus voraussetzungsärmeres Verfahren gebildet wird. Im ersten Schritt der Hypothetischen Methode werden Hypothesen aufgestellt. Unter einer Hypothese versteht Mill eine Annahme, die trotz fehlender oder unzureichender Stützung durch die Erfahrung aufgestellt wird, um aus ihr beobachtbare Konsequenzen deduktiv herzuleiten, die mit der Erfahrung übereinstimmen sollen. Im zweiten Schritt werden, wie bei der Deduktiven Methode, aus Kausalgesetzen Konsequenzen deduktiv hergeleitet, die direkter Beobachtung zugänglich sind. Der dritte Schritt, die Verifikation, hat ebenso wie der dritte Schritt der Deduktiven Methode die Funktion, die im zweiten Schritt hergeleiteten, beobachtbaren Konsequenzen im Zuge direkter Beobachtung zu überprüfen. Weil aber im Unterschied zur Deduktiven Methode bei der Hypothetischen Methode der erste Schritt nicht in einer Induktion, sondern in einer Hypothese besteht, muß laut Mill im dritten Schritt der Hypothetischen Methode eine Induktion durchgeführt werden, um die Zuverlässigkeit der Hypothetischen Methode zu gewährleisten. Er stellt daher an den dritten Schritt die Anforderung, daß er eine vollständige Induktion sein muß, bei der die Methode des Unterschieds zur Anwendung kommt. (Ebd. 492 f.) Wenn beispielsweise die Hypothese aufgestellt wird, daß das Phänomen A die Ursache des Phänomens a ist, und wenn die komplexen Phänomene ABC und BC beobachtbar sind, dann muß Mill zufolge im verifizierenden Schritt der Hypothetischen Methode bestätigt werden, daß auf das Phänomen ABC das Phänomen abc und auf das Phänomen BC das Phänomen bc zeitlich folgt.

Indem Mill auf diese Weise das induktive Schließen als wesentlichen Bestandteil der Hypothetischen Methode betrachtet, bestreitet er, daß das hypothetische Schließen ohne Unterstützung durch Induktion Aufschluß über die empirische Wirklichkeit geben kann. Diese Auffassung, mit der sich Mill gegen die Konzeption von Whewhell wendet, der in seiner 1840 veröffentlichten Arbeit *Die Philosophie der induktiven Wissenschaften* das hypothetische Schließen als eine vom induktiven Schließen unabhängige Form gehaltserweiternden Schließens betrachtet, begründet Mill damit, daß Hypothesen in empirischer Hinsicht insofern unterbestimmt sind, als es stets möglich ist, empirische Phänomene durch mehrere, miteinander unverträgliche Hypothesen zu erklären. (Ebd. 500 ff.)[53] Aufgrund dieser Unterbestimmtheit müssen Mill zufolge Hypothesen stets durch Induktionen abgesichert werden.

Im Anschluß an die Darstellung von Mills Methoden zur Prüfung und Anleitung induktiver Schlüsse soll im folgenden auf sein Begründungsproblem eingegangen werden. Dabei wird zuerst untersucht, in welchem Sinne die Uniformitätsannahme eine Voraussetzung für gültiges induktives Schließen sein soll. Anschließend wird erläutert, in welchem Sinn Mills Ansatz als naturalistische Position bezeichnet werden kann.

Die Auffassung, daß Mill und Hume unter dem Induktionsproblem die gleiche Fragestellung verstehen, wird durch die Ambiguität von Mills Ausführungen begünstigt. So bezeichnet er beispielsweise die Uniformitätsannahme als eine Voraussetzung, die allen induktiven Schlüssen zugrunde liegt:

»Wir müssen zuerst beachten, daß die Feststellung, was Induktion sei, ein Prinzip impliziert; eine Annahme hinsichtlich des Naturgeschehens und der Ordnung des Universums; nämlich, daß es in der Natur so etwas wie parallele Fälle gibt; daß dasjenige, was einmal passiert, bei einem hinreichenden Grad der Ähnlichkeit der Umstände noch einmal passieren wird, und nicht nur noch einmal, sondern ebenso oft, wie dieselben Umstände wieder auftreten. Dies, sage ich, ist eine Annahme die in jeder Induktion enthalten ist.« (Ebd. 306)

Die Interpretation, der zufolge Mill unter der Uniformitätsannahme einen allgemeinen Geltungsgrund induktiven Schließens im Sinne Humes versteht, erhält dadurch weitere Plausibilität, daß Mill in diesem Zusammenhang die Uniformitätsannahme ausdrücklich als Bedingung der Gültigkeit aller Induktionen bezeichnet. (Ebd. 310, Anm.) Zudem beschreibt Mill im Anschluß an die zitierte Passage das Verhältnis zwischen der Uniformitätsannahme und dem induktiven Schließen in einer Weise, die gleichfalls geeignet ist, diese Interpretation zu stützen. Demnach soll die Uniformitätsannahme dem induktiven Schließen in dem Sinne zugrunde liegen, daß sie die notwendige Bedingung für das Begründen von Induktionen darstellt. Eine Induktion kann Mill zufolge begründet werden, indem man sie in einen deduktiven Syllogismus überführt, der einen geeigneten Obersatz besitzt. (Ebd. 307 ff.) So kann beispielsweise der induktive Schluß von »John, Peter, etc. sind sterblich« auf die Aussage »Alle Menschen sind sterblich« durch den folgenden Syllogismus begründet werden:

1. Was für John, Peter, etc. gilt, das gilt für alle Menschen. (OS)
2. John, Peter, etc. sind Menschen und sterblich. (US)
3. Alle Menschen sind sterblich. (K)

Weil der Obersatz jedes Syllogismus, der zur Begründung einer Induktion aufgestellt wird, wiederum das Resultat eines anderen induktiven Schlusses ist, der seinerseits mit Bezug auf einen anderen, allgemeineren Obersatz begründet werden kann, gelangt man laut Mill im Zuge der Begründung dieser Obersätze zu immer allgemeineren Voraussetzungen und zuletzt zur Uniformitätsannahme, die als allgemeinste Voraussetzung allen Induktionen zugrunde liegen soll. Weil die Uniformitätsannahme demnach die Bedingung für die Rechtfertigung der Gültigkeit aller induktiven Schlüsse ist, liegt die Interpretation nahe, daß die Uniformitätsannahme von Mill als Geltungsgrund im Sinne Humes betrachtet wird.

Gegen diese Interpretation spricht aber erstens, daß Mill im Zuge seiner weiter oben zitierten Formulierung des Induktionsproblems nicht wie Hume nach dem allgemeinen Geltungsgrund induktiven Schließens, sondern nach den Bedingungen fragt, unter denen einzelne Induktionen gültig sind. Zweitens spricht gegen diese Interpretation, daß Mill im Anschluß an die zuletzt zitierte Passage darauf hinweist, daß die Uniformitätsannahme nicht als »Erklärung des induktiven Prozesses« interpretiert werden darf. (Ebd. 307) Weil er diese Behauptung dadurch begründet, daß die Uniformitätsannahme selber das Resultat eines induktiven Schlusses ist, ist die Annahme gerechtfertigt, daß sich Mill damit gegen die Interpretation der Uniformitätsannahme als allgemeinen Geltungsgrund induktiven Schließens wendet. Demnach behauptet er, daß die Uniformitätsannahme nicht als allgemeiner Geltungsgrund interpretiert werden darf, weil sonst die induktive Begründung der Uniformitätsannahme zirkulär wäre. Drittens wird die Interpretation, daß Mill und Hume unter dem Induktionsproblem grundsätzlich verschiedene Fragestellungen verstehen, durch Mills Ausführungen im 21. Kapitel des dritten Buches des *Systems der Logik* bestätigt, mit denen er die logischen Beziehungen zwischen der Uniformitätsannahme und der Gültigkeit induktiver Schlüsse präzisiert. (Ebd. 562 ff.) Mill behauptet im Zusammenhang dieser Ausführungen, daß die Uniformitätsannahme der Gültigkeit induktiver Schlüsse in dem

Sinne als Voraussetzung zugrunde liegt, daß sie eine notwendige Bedingung für das Anleiten und Prüfen von induktiven Schlüssen anhand von Methoden darstellt:

»Wir haben jetzt unseren Überblick über die logischen Prozesse vervollständigt, mit denen die Gesetze oder Uniformitäten der zeitlichen Folge von Phänomenen ... ermittelt oder getestet werden. Wie wir erkannten ... ist das Gesetz der Kausalität die Grundlage von allen diesen logischen Operationen. *Die Gültigkeit von allen Induktiven Methoden hängt von der Annahme ab, daß jedes Ereignis oder das Entstehen jedes Phänomens eine Ursache haben muß* ...« (Ebd. 562, Hervorhebung von mir, R.S.)

Die Uniformitätsannahme liegt demnach der Gültigkeit induktiver Schlüsse nicht im Sinne eines allgemeinen Geltungsgrundes zugrunde, mit dem garantiert werden soll, daß induktives Schließen generell Anspruch auf Geltung erheben kann. Vielmehr ist die Uniformitätsannahme insofern eine notwendige Bedingung der Gültigkeit induktiver Schlüsse, als sie die Voraussetzung der oben dargestellten Methoden ist, deren Anwendung die Gültigkeit induktiver Schlüsse gewährleisten soll.

Bei der Begründung der Uniformitätsannahme geht Mill unter Voraussetzung seiner empiristischen Erkenntnistheorie davon aus, daß die Uniformitätsannahme eine empirische Aussage sein muß. (Ebd. 563 ff.) Dieser Annahme liegen seine Konzeptionen wirklicher und verbaler Aussagen, sowie wirklicher und scheinbarer Schlüsse zugrunde. Da die Uniformitätsannahme eine ontologische Behauptung über die Wirklichkeit ist, muß sie eine wirkliche Aussage sein. Weil wirkliche Aussagen nur durch Induktion begründet werden können und weil Induktionen stets zu empirischen Aussagen führen, muß folglich die Uniformitätsannahme eine empirische Aussage sein.

Für die induktive Begründung der Uniformitätsannahme ergibt sich damit das folgende Problem: Zum einen ist die Uniformitätsannahme die Voraussetzung für das Prüfen und

Anleiten von Induktionen anhand von Methoden. Zum anderen soll die Uniformitätsaussage selber induktiv begründet werden. Diese Begründung kann daher nur unter der Bedingung zirkelfrei sein, daß die dabei verwendeten induktiven Schlüsse nicht durch die Methoden geprüft und angeleitet werden, deren Voraussetzung die Uniformitätsannahme ist.

Um dieses Problem zu lösen, unterscheidet Mill zwischen »wissenschaftlichen« und »enumerativen Induktionen«. Diese Unterscheidung, die gegenüber der weiter oben dargestellten Differenz zwischen induktiven Schlüssen »vom Besonderen auf das Allgemeine« und »vom Besonderen auf das Besondere« neutral ist, richtet sich nach dem Kriterium, ob induktive Schlüsse anhand von Methoden angeleitet und geprüft werden oder nicht. (Ebd. 311 ff., 381 ff., 567 ff.) Wissenschaftliche Induktionen sind demnach dadurch gekennzeichnet, daß sie auf der Grundlage methodengeleiteter Experimente aufgestellt und anhand von Methoden geprüft werden. Aufgrund dieser methodischen Kontrolle kann laut Mill mit wissenschaftlichen Induktionen der Anspruch erhoben werden, daß empirische Phänomene, die mit den jeweiligen induktiv aufgestellten Aussagen unverträglich sind, im Zuge der methodengeleiteten Experimente und Tests erkannt werden. Wenn daher unverträgliche Phänomene im Zusammenhang einer wissenschaftlichen Induktion nicht aufgetreten sind, dann soll die Annahme begründet sein, daß solche unverträglichen Phänomene nicht existieren und die aufgestellte Induktion die empirische Wirklichkeit angemessen beschreibt.

Diese Garantie kann es Mill zufolge bei der enumerativen Induktion nicht geben, weil sich diese induktiven Schlüsse dadurch auszeichnen, daß sie weder im Zuge methodengeleiteter Experimente aufgestellt noch anhand von Methoden geprüft werden. Statt dessen wird das Vorgehen der enumerativen Induktion von Mill dadurch gekennzeichnet, daß aus der bloßen Beobachtung von wiederholt in zeitlicher Folge auftretenden Phänomenen auf das Vorliegen kausaler Beziehungen geschlossen wird. Weil die enumerative Induktion damit ausschließlich von bestätigenden Beobachtungen ausgeht und nicht in Experimenten nach unverträglichen Phänomenen sucht, kann sie laut Mill keine Garantie dafür bieten, daß es keine Phänomene gibt, die mit den induktiv aufgestellten Behauptungen unverträglich sind. Aus diesen Eigenschaften der enumerativen Induktion leitet Mill zwei Konsequenzen ab: 1) Die enumerative Induktion ist weniger verläßlich als die wissenschaftliche Induktion, weshalb in den Wissenschaften vorwiegend die letztere zur Anwendung kommt. 2) Weil die enumerative Induktion weder durch Methoden angeleitet noch mit Hilfe von Methoden geprüft wird, setzt sie im Unterschied zur wissenschaftlichen Induktion die Uniformitätsannahme nicht voraus. Mit der enumerativen Induktion verfügt Mill deshalb über ein Verfahren induktiven Schließens, das die Uniformitätsannahme nicht voraussetzt und daher zu deren zirkelfreier Begründung geeignet ist.

Mills Begründung der Uniformitätsannahme mit Hilfe der enumerativen Induktion gliedert sich in die beiden folgenden logischen Schritte. Im ersten Schritt werden ausgehend von empirischen Phänomenen, welche die induktive Basis dieses Schritts darstellen, mit Hilfe der enumerativen Induktion einzelne empirische Kausalgesetze aufgestellt. Diese Kausalgesetze bilden ihrerseits die induktive Basis des zweiten Schritts, in dem die Uniformitätsannahme durch eine enumerative Induktion zweiter Ordnung hergeleitet wird. Im zweiten Schritt wird daher ausgehend von einzelnen Kausalbeziehungen durch enumerative Induktion geschlossen, daß alle Phänomene in kausalen Beziehungen zueinander stehen.

Da laut Mill die Uniformitätsannahme nur auf diese Weise mit Hilfe der enumerativen Induktion begründet werden kann, ist sie eine logische Voraussetzung der Uniformitätsannahme. Sie ist zudem eine Voraussetzung der wissenschaftlichen Induktion, weil die Methoden, mit denen wissenschaftliche Induktionen kontrolliert werden, die Uniformitätsannahme voraussetzen. (Ebd. 569 ff.) In Übereinstimmung damit beschreibt Mill in der folgenden Passage die enumerative Induktion als ein Verfahren, das im Unterschied zur wissenschaftlichen Induktion, die Mill hier als strikte Induktion bezeichnet, geeignet ist, sowohl die einzelnen Kausalgesetze, die der Uniformitätsannahme zugrunde liegen, als auch die Uniformitätsannahme selber induktiv zu begründen:

»Da aber alle strikten Prozesse der Induktion die allgemeine Uniformität voraussetzen, wurde unser Wissen von den einzelnen Uniformitäten, von denen sie [die allgemeine Uniformität; R.S.] zuerst erschlossen wurde, natürlich nicht durch strikte Induktion, sondern durch die ungenaue und unsichere Weise der Induktion *per enumerationem simplicem* abgeleitet; und das Gesetz der allgemeinen Kausalität, das aus den auf diese Weise erhaltenen Resultaten zusammengestellt wird, kann selber auf keiner besseren Grundlage ruhen.

Es scheint deshalb so zu sein, daß Induktion *per enumerationem simplicem* nicht nur kein notwendigerweise verbotener logischer Prozeß ist, sondern daß sie in Wirklichkeit die einzig mögliche Form der Induktion ist, da der kompliziertere Prozeß hinsichtlich seiner Gültigkeit von einem Gesetz abhängig ist, das selber [durch einen Schluß; R.S.] in jener unkünstlichen Weise erhalten wird.« (Ebd. 567)

Die den wissenschaftlichen Induktionen zugrunde liegende Uniformitätsannahme kann demnach mit Hilfe der enumerativen Induktion zirkelfrei begründet werden.

Die Uniformitätsannahme ist keine epistemologische, sondern eine logische Voraussetzung der Methoden zur Prüfung und Anleitung induktiver Schlüsse. Das heißt, daß die Uniformitätsannahme zwar den Geltungsgrund darstellt, mit Bezug auf den diese Methoden begründet werden können, daß aber das Wissen von der Uniformitätsannahme keine notwendige Bedingung für die Anwendung dieser Methoden ist. Aus diesem Grund kann Mill zusammen mit der Behauptung, daß in den Wissenschaften die oben dargestellten Methoden zur Prüfung und Anleitung induktiver Schlüsse zur Anwendung kommen, die Auffassung vertreten, daß nicht die Wissenschaftler, sondern nur wenige Philosophen Wissen von der Uniformitätsannahme besitzen. (SL 307)

Mill vertritt die Auffassung, daß die Uniformitätsannahme durch wissenschaftliche Induktionen gestützt werden kann. Zu jedem empirischen Kausalgesetz, das durch wissenschaftliche Induktion aufgestellt wird, gibt es Ausnahmen, die nicht mit Hilfe des betreffenden Gesetzes erklärt werden können. Das Vorliegen solcher Ausnahmen widerspricht zwar den einzelnen Kausalgesetzen, aber nicht der Uniformitätsannahme. Vielmehr wird sie dadurch bestätigt, weil die Ausnahmen wiederum anderen Kausalgesetzen unterliegen. Je mehr Kausalgesetze durch wissenschaftliche Induktionen aufgestellt und durch Hinzunahme weiterer Kausalgesetze korrigiert werden, desto besser wird also die Gültigkeit der Uniformitätsannahme bestätigt.

Damit wird deutlich, daß Mill die Uniformitätsannahme als infallibel ansieht. Keine mögliche Erfahrung kann sie widerlegen, weil die Tatsachen, durch die bestimmte Kausalgesetze falsifiziert werden, ihrerseits mit Hilfe anderer Kausalgesetze erklärt werden können. Die Uniformitätsannahme kann daher nur bestätigt werden. Legt man zum Beispiel Poppers Kriterium zugrunde, wonach ausschließlich durch Erfahrung falsifizierbare Aussagen empirischen Gehalt besitzen, dann ist Mills Uniformitätsannahme ohne einen solchen Gehalt.[54] Unabhängig davon, ob man Poppers Kriterium akzeptiert oder nicht, stellt sich dennoch die Frage, worin der empirische Gehalt von Aussagen bestehen soll, die wie die Uniformitätsannahme und die Aussagen der Formalwissenschaften von extremer Allgemeinheit sind. Zwar betrachtet Mill den empirischen Gehalt derartiger Aussagen als unproblematisch, weil er alle induktiv hergeleiteten Aussagen ohne Unterschied als empirisch gehaltvoll ansieht. Trotzdem ist es für die Plausibilität seiner Position entscheidend, ob dieses Problem im Rahmen seines Ansatzes in einer Weise gelöst werden kann, die den Ansprüchen neuerer Theorien gerecht wird.

Abschließend soll begründet werden, daß Mills Ansatz mit Bezug auf den Naturalismus von Quine in zwei Hinsichten als naturalistische Position bezeichnet werden kann.[55] Erstens stimmt Mill mit Quine und auch mit Strawson in der Ablehnung der Möglichkeit radikaler Skepsis bezüglich des Erkenntnisvermögens überein.[56] Mill lehnt Descartes' Konzeption radikaler Skepsis mit dem Argument ab, daß es keinen philosophischen Standpunkt »außerhalb des empirischen Wissens« geben kann, von dem aus dessen Geltungsanspruch in Zweifel gezogen und gegebenenfalls begründet werden kann. (SL 318 f.) Aus diesem Grund betrachtet er es als angemessen, bestimmte Erkenntnisweisen wie die enumerative Induktion als grundlegend anzusehen und ohne weitere Begründung ihres Geltungsanspruchs als gültig vorauszusetzen. Zweifel an der Gültigkeit der enumerativen Induktion ist daher Mill zufolge nicht möglich.

Zweitens stimmt Mills Position mit dem Naturalismus Quines darin überein, daß Geltungsansprüche ausschließlich mit Bezug auf empirisches und nicht durch apriorisches Wissen begründet werden können. Beide Positionen zeichnen sich durch die *interne* Begründung der Geltungsansprüche empirischen Wissens aus und lehnen deren *externe* Begründung ab. Mills Position kann in diesem Sinne als naturalistisch betrachtet werden, weil die Uniformitätsannahme, die allem durch wissenschaftliche Induktionen hergeleiteten empirischen Wissen zugrunde liegt, selber als empirische Aussage angesehen und induktiv begründet wird.

3. Naturalismus in der praktischen Philosophie: Mills utilitaristische Ethik

3.1 Einleitung

Um den moralischen Wert von Handlungen und Handlungsregeln beurteilen zu können, benötigt man ein Kriterium, das angibt, unter welchen Bedingungen etwas in moralischer Hinsicht positiv oder negativ zu bewerten ist. Mill stellt die Frage nach einem solchen Kriterium als Frage nach dem »Maßstab für Recht und Unrecht« im moralischen Sinne. (U 5) Er behauptet, daß der moralische Wert von Handlungen und Handlungsregeln danach beurteilt werden muß, welchen Nutzen diese für das Glück der Individuen besitzen, die von den Handlungen beziehungsweise der Anwendung der Handlungsregeln betroffen sind. Dieses Kriterium, das Mill als »Nützlichkeitsprinzip« bezeichnet (ebd. 7, 15, 46 ff., 60 ff., 108), hat eine hedonistische Position zur Voraussetzung. Zum einen definiert Mill den Begriff des Glücks durch den Begriff der Lust. Zum anderen behauptet er, daß für jeden Menschen das eigene Glück und für die Gesamtheit der Menschen das allgemeine oder kollektive Glück erstrebenswert ist. Mit Bezug auf diese hedonistische Position begründet Mill, daß der moralische Wert von Handlungen und Handlungsregeln danach beurteilt werden muß, ob sie für das kollektive Glück nützlich sind oder nicht.

Seine utilitaristische Ethik entwickelt Mill in dem 1861 in *Fraser's Magazine* als Artikelserie zum ersten Mal veröffentlichten Aufsatz *Der Utilitarismus*, der sein wichtigster Beitrag zur praktischen Philosophie ist.[57] Zusammen mit Jeremy Benthams *Einführung in die Prinzipien von Moral und Gesetzgebung* (1780) und Henry Sidgwicks Monographie *Die Methoden der Ethik* (1874) zählt dieser Aufsatz Mills zu den klassischen Texten des Utilitarismus.[58] Im folgenden sollen im Anschluß an die Darstellung des Nützlichkeitsprinzips drei für das Verständnis von Mills utilitaristischer Ethik wesentliche Problemfelder dargestellt werden: 1) Zuerst wird untersucht, welche Funktionen das Nützlichkeitsprinzip laut Mill besitzt. 2) Im Anschluß daran wird auf Mills Begründung des Nützlichkeitsprinzips durch seinen ethischen Hedonismus und auf seine hedonistische Konzeption von Glück eingegangen. 3) Abschließend wird der Zusammenhang von Gerechtigkeit und Nützlichkeit erörtert und der Frage nachgegangen, ob Mills Utilitarismus dazu in der Lage ist, den gängigen Vorstellungen von Gerechtigkeit Rechnung zu tragen. Im Zuge der Darstellung dieser drei Problemfelder soll ebenfalls verdeutlicht werden, daß Mills utilitaristische Ethik als ethischer Naturalismus bestimmt werden kann. Unter ethischem Naturalismus wird dabei eine metaethische Position verstanden, die sich durch die beiden folgenden Merkmale auszeichnet: a) Wertbegriffe der Moral wie beispielsweise »gerecht« werden ausschließlich mit Bezug auf (apriorische oder aposteriorische) deskriptive Begriffe definiert. b) Normative Aussagen der Moral werden ausschließlich durch (apriorische oder aposteriorische) deskriptive Aussagen begründet.

Bevor auf die drei genannten Problemfelder eingegangen wird, muß auf zwei theoretische Motive hingewiesen werden, die Mills utilitaristischer Ethik zugrunde liegen. Einerseits verfolgt Mill mit seinem Utilitarismus ein gesellschaftskritisches Motiv. Er stellt das Nützlichkeitsprinzip als »Maßstab für Recht und Unrecht« auf und beansprucht, (U 5) damit ein Kriterium zur Beurteilung der moralischen Gerechtigkeit sowohl ethischer als auch rechtlicher Prinzipien zu besitzen.[59] Mit dem Nützlichkeitsprinzip verfügt er daher über ein Instrument zur kritischen Bewertung von Moralvorstellungen und Gesetzen. Aufgrund seines gesellschaftskritischen Motivs sieht sich Mill nicht dazu verpflichtet, allen gängigen Vorstellungen von moralischer und rechtlicher Gerechtigkeit Rechnung tragen zu müssen. Im Gegenteil, wenn es Handlungen oder Handlungsregeln gibt, die zwar allgemein als gerecht akzeptiert sind, die aber nach dem Nützlichkeitsprinzip nicht moralisch positiv bewertet werden können, dann spricht dies aus der Sicht Mills nicht gegen sein Nützlichkeitsprinzip, sondern gegen die gängigen Vorstellungen von Gerechtigkeit. Auf diesen Zusammenhang zwischen Gerechtigkeit und Nützlichkeit wird im Kontext des dritten Problemfeldes näher eingegangen.

Andererseits verfolgt Mill im Rahmen seines Utilitarismus ein theoretisches Motiv, das im Zusammenhang mit seiner in Kapitel 2.6 dargestellten naturalistischen Konzeption von Wissenschaft steht, der zufolge Wissenschaft ausschließlich als empirische Wissenschaft möglich ist. Weil er den Anspruch vertritt, seine praktische Philosophie als Wissenschaft zu konzipieren, beansprucht Mill für seine utilitaristische Ethik den Status einer empirischen Theorie. (U 6) Aus diesem Grund wendet er sich gegen diejenigen Ansätze in der praktischen Philosophie, in denen die Geltung moralischer Normen durch apriorische Gründe gerechtfertigt wird. Daher kritisiert er im ersten Kapitel seines Aufsatzes *Der Utilitarismus* intuitionistische Ansätze, die er als apriorische Konzeptionen interpretiert, in denen die Geltung ethischer Normen mit Bezugnahme auf ein naturgegebenes Vermögen apriorisch begründet wird, das Mill als »moralischen Instinkt« bezeichnet. (U 5)[60] Diesen Ansätzen macht Mill zum Vorwurf, daß sie kein einsichtiges Grundprinzip bereitstellen können, anhand dessen der moralische Wert von Handlungen und Handlungsregeln beurteilt werden kann. Im Unterschied zu Sidgwick, der in der oben erwähnten Arbeit im Rahmen seines utilitaristischen Ansatzes eine intuitionistische Position vertritt, distanziert sich Mill daher vom Intuitionismus und rechnet seine Position abgrenzend zur »induktiven Schule der Ethik«:

»Sowohl die intuitionistische Schule der Ethik wie auch die, die man die induktive nennen könnte, besteht auf der Notwendigkeit allgemeiner Gesetze ... Außerdem erkennen sie weitgehend dieselben moralischen Gesetze an, widersprechen sich jedoch in der Frage ihrer Beweisgründe und der Quelle, aus der sich ihre Verbindlichkeit herleitet. Der einen Auffassung zufolge sind die Grundsätze der Moral a priori evident und erzwingen Zustimmung, sobald die Wortbedeutungen verstanden sind; der anderen zufolge sind Recht und Unrecht ebenso wie Wahrheit und Falschheit eine Frage von Beobachtung und Erfahrung. Beide gehen jedoch gleichermaßen davon aus, daß die moralische Richtigkeit von Handlungen aus Prinzipien abgeleitet werden muß, und die intuitionistische Schule behauptet nicht weniger fest als die induktive, daß es eine Wissenschaft der Moral gibt.« (U 5 f.)

Die Art und Weise, in der Mill diesen Anspruch einlöst, dem zufolge seine utilitaristische Ethik eine empirische Wissenschaft ist, wird weiter unten im Zusammenhang mit dem zweiten Problemfeld näher ausgeführt.

3.2 Inhalt und Funktion des Nützlichkeitsprinzips

Im Unterschied zu intuitionistischen Ansätzen vertritt Mill die Auffassung, daß die Frage nach dem moralischen Wert von Handlungen und Handlungsregeln argumentativ und ohne Bezugnahme auf einen »moralischen Instinkt« entscheidbar sein muß. Das Nützlichkeitsprinzip, das die Funktion besitzt, derartige argumentative Entscheidungen zu ermöglichen, wird von Mill im zweiten Kapitel seiner Arbeit *Der Utilitarismus* auf folgende Weise beschrieben:

»Die Auffassung, für die die Nützlichkeit oder das Prinzip des größten Glücks die Grundlage der Moral ist, besagt, daß Handlungen insoweit und in dem Maße moralisch richtig sind, als sie die Tendenz haben, Glück zu befördern, und insoweit moralisch falsch, als sie die Tendenz haben, das Gegenteil von Glück zu bewirken. Unter ›Glück‹ [happiness] ist dabei Lust [pleasure] und das Freisein von Unlust [pain], unter ›Unglück‹ [unhappiness] Unlust und das Fehlen von Lust verstanden.« (U 13)

Mit Bezug auf die zitierte Passage und auf Ausführungen, die sich an anderen Stellen finden, lassen sich Otfried Höffe zufolge die folgenden vier Teilprinzipien als Bestandteile des Nützlichkeitsprinzips identifizieren:[61]

1. Das erste Teilprinzip, das von Höffe als Folgen- beziehungsweise Konsequenzenprinzip bezeichnet wird, enthält die Behauptung, daß Handlungen und Handlungsregeln nicht als solche, sondern hinsichtlich ihrer Folgen beurteilt werden.[62]

2. Das Nutzen- beziehungsweise Utilitätsprinzip, welches das zweite Teilprinzip darstellt, gibt an, welcher Aspekt der Folgen in die moralische Beurteilung von Handlungen und Handlungsregeln eingeht: Deren Folgen werden anhand ihres Nutzens beurteilt.

3. Mit dem dritten Teilprinzip: dem hedonistischen Prinzip, wird näher bestimmt, worin der Nutzen besteht, bezüglich dessen der moralische Wert von Handlungen und Handlungsregeln beurteilt wird: Demnach liegt dieser Beurteilung der Nutzen zugrunde, den Handlungen und Handlungsregeln für das menschliche Glück besitzen.

4. Das vierte Teilprinzip, das als universalistisches Prinzip bezeichnet wird, enthält die Behauptung, daß bei der Beurteilung des moralischen Wertes von Handlungen und Handlungsregeln nicht allein diejenigen Folgen in Betracht gezogen werden müssen, die sich auf das Glück des jeweiligen handelnden Subjekts beziehen, sondern daß vielmehr die Folgen für das Glück aller betroffenen Subjekte berücksichtigt werden müssen. Dabei hebt Mill hervor, daß das Glück jedes betroffenen Subjektes in glei-

chem Maße berücksichtigt werden muß: »Jeder zählt für einen, keiner für mehr als einen«. (U 108; vgl. auch 20, 30)

Das Nützlichkeitsprinzip ist demnach ein Kriterium, das den moralischen Wert von Handlungen und Handlungsregeln davon abhängig macht, in welchem Maß diese dazu beitragen, das kollektive Glück derjenigen Personen zu befördern, die von den Folgen bestimmter Handlungen und der Anwendung bestimmter Handlungsregeln betroffen sind. Ein Problem, das die Anwendung des Nützlichkeitsprinzips auf konkrete Fälle betrifft, besteht in der Schwierigkeit, zu entscheiden, welche Personen von bestimmten Handlungsfolgen betroffen sind. Mit anderen Worten, dieses Problem besteht in der Schwierigkeit, diejenige Gruppe von Personen zu identifizieren, deren kollektives Glück bei der moralischen Beurteilung bestimmter Handlungen oder Handlungsregeln anhand des Nützlichkeitsprinzips berücksichtigt werden muß. Dieses Problem beruht darauf, daß Mill offen läßt, anhand welcher Kriterien relevante von irrelevanten Handlungsfolgen unterschieden werden sollen: Da er nicht angibt, welche Handlungsfolgen für die Beurteilung einer Handlung oder einer Handlungsregel relevant sind, bleibt ebenfalls offen, welcher Personenkreis von deren Folgen betroffen ist. Besonders deutlich tritt dieses Problem in Fällen hervor, die Handlungen mit langfristigen und schwer abschätzbaren Folgen betreffen. In solchen Fällen kann man zu deutlich voneinander abweichenden Entscheidungen kommen, je nachdem wie die Kriterien für relevante Handlungsfolgen definiert werden und wie weit damit der Kreis der von den Handlungsfolgen betroffenen Personen bestimmt wird. Beispielsweise wird die Frage, ob Umweltschutz moralisch geboten ist, in unterschiedlicher Weise beantwortet werden, wenn man diese Frage anhand des Nützlichkeitsprinzips entweder unter ausschließlicher Berücksichtigung des Glücks aller (oder nur eines Teils der) gegenwärtig lebenden Menschen oder unter Einbeziehung des Glücks zukünftiger Generationen entscheidet. Um dieses Problem zu lösen, ist es daher erforderlich, Kriterien für relevante Handlungsfolgen bereitzustellen, anhand derer die Klasse der von Handlungsfolgen betroffenen Personen weder zu eng noch zu weit bestimmt wird. Wird diese Klasse zu eng gefaßt, dann vernachlässigt man, um mit Dieter Birnbacher zu sprechen, die Verantwortung für zukünftige Generationen.[63] Bestimmt man diese Klasse hingegen zu weit, indem man beispielsweise bei jeder beliebigen Handlung deren Folgen für die nächsten zehn Generationen als relevante Handlungsfolgen betrachtet, dann kann es passieren, daß angesichts einer derart ausgeprägten Berücksichtigung zukünftiger Generationen jedes Handeln in der Gegenwart unmöglich gemacht wird. Da Mill selber keine derartigen Kriterien bereitstellt, muß sein Ansatz in diesem Punkt ergänzt werden.

Das Nützlichkeitsprinzip besitzt als Kriterium des moralischen Werts von Handlungen und Handlungsregeln zwei Funktionen: 1) Erstens erfüllt es die Funktion eines Entscheidungs- oder Auswahlkriteriums: Aus einer Klasse alternativer Handlungen oder Handlungsregeln muß gemäß dem Nützlichkeitsprinzip stets diejenige Handlung oder Handlungsregel ausgewählt werden, welche den Nutzen für das kollektive Glück maximiert. Als Auswahlkriterium wird das Nützlichkeitsprinzip dazu verwendet, um auf der Basis eines Nutzenvergleichs zwischen verschiedenen Alternativen zu entscheiden. 2) Da Mill eine teleologische Position vertritt, der zufolge der oberste Zweck des menschlichen Handelns in der Realisierung des größtmöglichen kollektiven Glücks besteht, kann anhand des Nützlichkeitsprinzips nicht nur zwischen verschiedenen Alternativen entschieden werden, sondern man kann mit Hilfe des Nützlichkeitsprinzips ebenfalls einzelne Handlungen und Handlungsregeln moralisch beurteilen. Je nachdem, ob sie zur Realisierung des kollektiven Glücks beitragen oder nicht, werden sie daher moralisch positiv oder negativ bewertet. Mill bezeichnet daher das Nützlichkeitsprinzip als »Norm der Moral« und definiert die Moral als die Gesamtheit derjenigen Handlungsregeln, durch deren Befolgen der maximale Nutzen bezüglich des kollektiven Glücks realisiert werden soll. (U 21) Das Nützlichkeitsprinzip beschreibt in dieser Funktion die notwendige und hinreichende Bedingung dafür, daß eine Handlungsregel zum Bereich der Moral gerechnet werden darf. Die Funktion des Nützlichkeitsprinzips als »Norm der Moral« steht in engem Zusammenhang mit dem oben dargestellten gesellschaftskritischen Motiv Mills: Demnach können nur diejenigen Handlungsregeln zur Moral gerechnet werden, die für das kollektive Glück nützlich sind. Andere Moralvorstellungen, die dieses Kriterium nicht erfüllen, gehören demnach nicht berechtigtermaßen zur Moral.

Die Funktion von Mills Nützlichkeitsprinzip kann durch die nähere Bestimmung von dessen Gegenstandsbereich weiter präzisiert werden. Dazu muß auf eine neuere Auseinandersetzung über den Utilitarismus Bezug genommen werden, in der die Frage kontrovers diskutiert wird, ob das Nützlichkeitsprinzip sowohl auf einzelne Handlungen als auch auf Handlungsregeln direkte Anwendung findet oder ob es ausschließlich auf Handlungsregeln direkt und auf einzelne Handlungen lediglich indirekt angewendet wird.[64] Gemäß der »handlungsutilitaristischen« Position wird das Nützlichkeitsprinzip sowohl auf einzelne Handlungen als auch auf Handlungsregeln direkt angewendet. Im Gegensatz dazu behauptet die »regelutilitaristische« Position, daß anhand des Nützlichkeitsprinzips ausschließlich der moralische Wert von Handlungsregeln direkt beurteilt werden kann, während der moralische Wert einzelner Handlungen indirekt beurteilt wird, indem diese Handlungen den Handlungsregeln zugeordnet werden: Die moralische Beurteilung einzelner Handlungen richtet sich demzufolge nach der Beurteilung der Handlungsregeln, unter die die betreffenden Handlungen subsumiert werden können. Urmson argumentiert überzeugend dafür, daß Mill eine regelutilitaristische

Position vertritt.[65] Dabei stützt er sich zum einen darauf, daß Mill die moralische Beurteilung von Handlungen als einen zweistufigen Prozeß betrachtet, bei dem der moralische Wert einer Handlung ermittelt wird, indem sie auf ein allgemeines Prinzip bezogen wird, dessen moralischer Wert bereits festgelegt ist:

»Beide [die intuitionistische und die induktive Schule der Ethik; R.S.] stimmen darin überein, daß sich die moralische Richtigkeit einer einzelnen Handlung nicht in der unmittelbaren Wahrnehmung, sondern in der Anwendung eines allgemeinen Gesetzes auf den besonderen Fall erweist.« (U 5)

Zum anderen begründet Urmson seine Interpretation damit, daß Mill im Zusammenhang der Widerlegung des Einwandes, dem zufolge das Nützlichkeitsprinzip aufgrund des Umstands impraktikabel sein soll, daß in konkreten Entscheidungssituationen zu wenig Zeit zur Abwägung der Folgen verschiedener Handlungsalternativen zur Verfügung steht, darauf hinweist, daß bereits vor dem Eintreten konkreter Entscheidungssituationen Handlungsregeln moralisch beurteilt werden und daß der moralische Wert einzelner Handlungen mit Bezug auf diese Handlungsregeln geprüft wird. (Ebd. 40 ff., 45) In Übereinstimmung mit Urmsons Interpretation kann daher die Funktion des Nützlichkeitsprinzips folgendermaßen präzisiert werden: Das Nützlichkeitsprinzip ist dasjenige Kriterium, anhand dessen der moralische Wert von Handlungsregeln direkt und von einzelnen Handlungen indirekt beurteilt werden kann, indem deren Nutzen für das kollektive Glück ermittelt wird.

Die Funktion des Nützlichkeitsprinzips kann weiterhin dadurch näher bestimmt werden, indem man präzisiert, was unter dem zu maximierenden Nutzen für das kollektive Glück verstanden werden soll. Dazu ist es erforderlich, die erstmals von Sidgwick 1874 in *Die Methoden der Ethik* getroffene Unterscheidung zwischen dem *Nutzensummenutilitarismus* (NSU) und dem *Durchschnittsnutzenutilitarismus*

(DNU) heranzuziehen.[66] Im NSU wird die Gesamtsumme des Nutzens für das Glück aller Individuen als die zu maximierende Größe betrachtet. Hingegen soll im DNU der durchschnittliche Pro-Kopf-Nutzen maximiert werden. Solange die Anzahl der Personen konstant gehalten wird, unterscheiden sich diese beiden Ansätze nicht: Unter Voraussetzung der gleichbleibenden Anzahl von Personen ergibt sich kein quantitativer Unterschied, ob man das kollektive Glück durch die Steigerung des Gesamtnutzens oder des durchschnittlichen Pro-Kopf-Nutzens vergrößert. Die Verschiedenheit dieser beiden Ansätze tritt erst dann zutage, wenn die Anzahl der Personen als variabel angesehen wird: Für den NSU ist es gleichgültig, ob das kollektive Glück durch die Steigerung des Pro-Kopf-Nutzens oder durch die Vergrößerung der Anzahl der Personen maximiert wird. Prinzipiell ist es im NSU möglich, das kollektive Glück dadurch zu steigern, daß bei gleichbleibendem Pro-Kopf-Nutzen die Anzahl der Personen erhöht wird. Diese Möglichkeit besteht für den DNU nicht. Statt dessen kann im DNU der Pro-Kopf-Nutzen nur dadurch erhöht werden, daß der Nutzen für die einzelnen Personen gesteigert wird. Bentham, dem zufolge das »größte Glück der größten Zahl« realisiert werden soll, vertritt demnach implizit einen NSU. Der Utilitarismus Mills kann laut Birnbacher als DNU bezeichnet werden, weil Mill der Geburtenkontrolle großes Gewicht beimißt.[67] Unter der Voraussetzung, daß diese Interpretation zutrifft, vertritt Mill implizit die folgende Auffassung: Anhand des Nützlichkeitsprinzips kann der moralische Wert von Handlungen und Handlungsregeln unter Berücksichtigung von deren Pro-Kopf-Nutzen für das kollektive Glück beurteilt werden.

3.3 Die Begründung des Nützlichkeitsprinzips durch Mills Hedonismus

Im Anschluß an die Beschreibung des Inhalts und der Funktion von Mills Nützlichkeitsprinzip soll im folgenden auf das zweite Problemfeld eingegangen und untersucht werden, in welcher Weise das Nützlichkeitsprinzip von Mill mit Bezugnahme auf dessen hedonistische Konzeption von den Zwecken menschlichen Handelns begründet wird. Um den Anspruch richtig einschätzen zu können, den Mill mit dieser wiederholt kritisierten Begründung verbindet, muß beachtet werden, daß Mill sowohl im ersten Kapitel seines Aufsatzes *Der Utilitarismus* als auch unmittelbar vor der Durchführung der Begründung im vierten Kapitel ausdrücklich darauf hinweist, daß ein Beweis des Nützlichkeitsprinzips nur in einem sehr schwachen Sinne erbracht werden kann. (U 8 f., 60) Diese Einschränkung des Begründungsanspruches erklärt Mill, indem er auf den Status des Nützlichkeitsprinzips als oberstem Prinzip seiner utilitaristischen Ethik verweist: Im Rahmen der Ethik kann das Nützlichkeitsprinzip als oberstes Prinzip der utilitaristischen Ethik nicht durch deduktive Herleitung aus anderen, allgemeineren Prinzipien begründet werden, weil es solche Prinzipien im Rahmen von Mills utilitaristischer Ethik nicht gibt. Aus diesem Grund ist laut Mill ein Beweis im Sinne einer deduktiven Herleitung ausgeschlossen, weshalb das Nützlichkeitsprinzip statt dessen lediglich durch plausibilisierende Erwägungen rational gestützt werden kann.

Um das Nützlichkeitsprinzip zu begründen, stellt Mill die metaethische Behauptung auf, daß Glück, das er als Lust und Freisein von Unlust definiert, das einzige ist, was als Zweck wünschenswert ist. Daher sollen alle anderen Handlungsziele nur als Mittel zu diesem Zweck wünschenswert sein. (Ebd. 13, 60) Damit vertritt Mill eine hedonistische Konzeption von den Zwecken menschlichen Handelns, die ihrerseits eine besondere Form des Eudämonismus ist: Während der Eudämonismus entweder als ethischer Eudämonismus normativ fordert oder als psychologischer Eudämonismus beschreibend feststellt, daß alle Menschen nach Glück streben, wird der Begriff des Glücks im Hedonismus durch den Begriff der Lust näher bestimmt. Für das Verständnis von Mills Argumentation ist es erforderlich, die beiden folgenden Unterscheidungen bezüglich des Hedonismus einzuführen: 1) Zum einen muß zwischen dem *psychologischen* und dem *ethischen* Hedonismus unterschieden werden. Während der psychologische Hedonismus die deskriptive Behauptung aufstellt, daß einige oder alle Menschen de facto nach Glück streben, enthält der ethische Hedonismus die normative Behauptung, daß Glück als Zweck erstrebt werden soll. 2) Mit der zweiten Unterscheidung, die gegenüber der ersten neutral ist, wird zwischen dem *subjektiven* und dem *objektiven* Hedonismus unterschieden. Während der subjektive Hedonismus behauptet, daß jeder einzelne sein eigenes Glück erstrebt (oder erstreben soll), enthält der objektive Hedonismus die These, daß die Gesamtheit der Menschen ihr kollektives Glück erstrebt (oder erstreben soll).

Mill vertritt einen objektiven ethischen Hedonismus, dem zufolge das größtmögliche kollektive Glück für die Gesamtheit aller Menschen den obersten Zweck darstellt. Damit besitzt er eine teleologische Position, welche die Realisierung des maximalen Nutzens für das kollektive Glück beziehungsweise das größte Glück der größtmöglichen Anzahl von Menschen als Endziel deklariert. Weil dieser objektive ethische Hedonismus laut Mill die zentrale Voraussetzung des Nützlichkeitsprinzips ist, besteht das Ziel seiner Begründung des Nützlichkeitsprinzips darin, seine hedonistische Position zu begründen. Seine Argumentation gliedert sich in die folgenden drei Schritte:

1. Mit dem ersten Schritt argumentiert Mill für den subjektiven ethischen Hedonismus, daß das individuelle Glück

für jeden einzelnen wünschenswert ist. Seiner Argumentation liegt die folgende Überlegung bezüglich der Begründung von Aussagen über Zwecke zugrunde:

»Der einzige Beweis [proof] dafür, daß ein Gegenstand sichtbar [visible] ist, ist, daß man ihn tatsächlich sieht. Der einzige Beweis [proof] dafür, daß ein Ton hörbar [audible] ist, ist, daß man ihn hört. Und dasselbe gilt für die anderen Quellen unserer Erfahrung. Ebenso wird der einzige Anhaltspunkt [evidence] dafür, daß etwas wünschenswert [desirable] ist, der sein, daß es Menschen tatsächlich wünschen. Wäre der Zweck, den sich die utilitaristische Theorie setzt, nicht schon in Theorie und Praxis als Zweck anerkannt, könnte einen nichts davon überzeugen, daß dies wirklich der Zweck ist.« (U 60 f.)[68]

Der Zweck, um den es Mill in diesem Zusammenhang geht, ist das individuelle Glück. Er schließt, ausgehend von dem psychologischen Hedonismus, dem zufolge es Menschen gibt, die ihr eigenes Glück erstreben, auf den subjektiven ethischen Hedonismus, wonach das individuelle Glück für jeden einzelnen erstrebenswert ist.

Auf den ersten Blick scheint Mills Argumentation fehlerhaft und Moores Einwand in den *Principia Ethica* (1903) berechtigt zu sein, daß Mill den Fehler eines naturalistischen Fehlschlusses begeht, indem er eine normative Forderung aus der Beschreibung eines realen Sachverhaltes ableitet:[69] Demnach ist zwar Mills Argumentation bezüglich der deskriptiven Dispositionsbegriffe »sichtbar« und »hörbar« korrekt, weil von der Wirklichkeit realer Sachverhalte auf deren Möglichkeit geschlossen werden darf. Jedoch kann die Behauptung, daß Glück wünschenswert ist, nicht in gleicher Weise begründet werden, weil »wünschenswert« kein deskriptiver Begriff, sondern ein Wertbegriff ist: Aus der Tatsache, daß Subjekte existieren, die Glück als wünschenswert betrachten, folgt nicht, daß Glück ein Wert ist, der erstrebt werden soll.

Zwei Überlegungen sprechen aber gegen den Vorwurf des naturalistischen Fehlschlusses: Zum einen wendet sich Mill in dem Aufsatz *Natur* ausdrücklich gegen naturalistische Fehlschlüsse, indem er darauf hinweist, daß deskriptive Naturgesetze nicht als normative Forderungen interpretiert werden dürfen, die bei der Führung eines »naturgemäßen Lebens« beachtet werden müssen. (N 16 ff.) Da Mill diesen Aufsatz in der Zeit zwischen 1850 und 1859 verfaßt hat, ist es unwahrscheinlich, daß er 1861 in *Der Utilitarismus* den gleichen Fehler in sehr offensichtlicher Weise macht, den er zuvor ausführlich kritisiert hat. Zum anderen weist Skorupski zu Recht darauf hin, daß der Vorwurf des naturalistischen Fehlschlusses nur unter der Bedingung berechtigt ist, daß Mills Argumentation im Sinne einer deduktiven Begründung interpretiert werden kann.[70] Weil dieser Anspruch von Mill ausdrücklich zurückgewiesen wird, trifft Moores Einwand nicht zu. Zudem schränkt Mill in der zitierten Passage den Anspruch seiner Argumentation für die Behauptung, daß das individuelle Glück für jeden einzelnen wünschenswert ist, dadurch ein, daß im Unterschied zu den beiden Beispielen mit den Begriffen »sichtbar« und »hörbar« nicht von einem Beweis, sondern lediglich von einem *Anhaltspunkt* die Rede ist. Berücksichtigt man diese Einschränkung des Begründungsanspruchs, dann kann Skorupski zufolge Mill darin Recht gegeben werden, daß der einzige Anhaltspunkt dafür, daß ein bestimmter Zweck wünschenswert ist, in der Existenz von Subjekten besteht, die den betreffenden Zweck wirklich als wünschenswert betrachten.

2. Im zweiten Schritt argumentiert Mill auf der Grundlage des subjektiven ethischen Hedonismus für den objektiven ethischen Hedonismus:

> »Dafür, daß das allgemeine Glück wünschenswert ist, läßt sich kein anderer Grund angeben, als daß jeder sein eigenes Glück erstrebt, insoweit er es für erreichbar hält. Da dieses jedoch eine

Tatsache ist, haben wir damit nicht nur den ganzen Beweis, den der Fall zuläßt, sondern alles, was überhaupt als Beweisgrund dafür verlangt werden kann, daß Glück ein Gut ist: nämlich daß das Glück jedes einzelnen für diesen ein Gut ist und daß daher das allgemeine Glück ein Gut für die Gesamtheit der Menschen ist.« (U 61)

In dieser Passage argumentiert Mill ausgehend von der Behauptung, daß für jeden einzelnen das eigene Glück wünschenswert ist, dafür, daß *für die Gesamtheit aller Menschen* ihr kollektives Glück wünschenswert ist. Diese Behauptung darf nicht mit der weitaus stärkeren und von Mill nicht vertretenen These verwechselt werden, daß *für jeden einzelnen* das kollektive Glück wünschenswert ist. Trotzdem ist Mills Argumentation problematisch, wenn man sie als Begründung im strengen Sinne interpretiert.[71] Wie aber laut Alan Ryan aus einer Erwiderung Mills auf Kritik an diesem Begründungsschritt hervorgeht, vertritt Mill einen sehr viel schwächeren Anspruch:[72] Er beansprucht lediglich zu plausibilisieren, daß unter der Voraussetzung, daß jeder einzelne sein individuelles Glück als wünschenswert betrachtet, ebenfalls für die Gesamtheit der Individuen das kollektive Glück wünschenswert ist. Berücksichtigt man den geringen Anspruch, den Mill mit seiner Überlegung erhebt, dann mag sie zwar immer noch nicht überzeugend sein, aber sie kann jedenfalls nicht mehr als inkonsistent zurückgewiesen werden.

Neben den Schwierigkeiten ist auch die Strategie von Mills Argumentation deutlich geworden: Da er seinen objektiven ethischen Hedonismus durch Überlegungen zum psychologischen Egoismus stützt, leitet er seine metaethische Position nicht aus einer anthropologischen Theorie über das Wesen und die Bestimmung des Menschen ab, sondern er gewinnt sie dadurch, indem er sich verallgemeinernd auf bestehende Wertvorstellungen bezieht: Mill stützt seine hedonistische Position damit, daß er sie auf den »Common Sense« gründet.

3. Mit den beiden dargestellten Begründungsschritten beansprucht Mill, die Behauptung plausibilisiert zu haben, daß das kollektive Glück wünschenswert und damit *ein* Kriterium zur moralischen Beurteilung von Handlungen und Handlungsregeln ist. Weil aber das Nützlichkeitsprinzip voraussetzt, daß das allgemeine Glück das *einzige* Kriterium für die moralische Beurteilung von Handlungen und Handlungsregeln ist, bemüht sich Mill in einem dritten Schritt um die Begründung der Behauptung, daß das kollektive Glück als oberster Zweck menschlichen Handelns wünschenswert ist. In Analogie zu der Argumentation in den beiden vorhergehenden Schritten begründet er diese These wiederum ausgehend von einem psychologischen Hedonismus: Mill versucht im Rahmen des psychologischen Hedonismus zu zeigen, daß alle Handlungen als Handlungen beschrieben werden können, deren oberstes Ziel darin besteht, Glück zu erlangen. Auf diese These, der zufolge in allen Handlungen Glück erstrebt wird, gründet Mill die ethische Behauptung, daß das kollektive Glück der oberste Zweck des menschlichen Handelns und daher das einzige Kriterium für den moralischen Wert von Handlungen und Handlungsregeln ist.

Das Hauptproblem dieses Begründungsschritts besteht darin, eine Erklärung dafür bereitzustellen, warum auch solche Handlungen, die sich auf Zwecke beziehen, die um ihrer selbst willen als wünschenswert betrachtet werden, als Handlungen beschrieben werden können, in denen ausschließlich Glück als wünschenswert betrachtet wird. Um dieses Problem zu lösen unterscheidet Mill zwischen zwei Typen von Handlungszielen: 1) Zum einen gibt es Handlungsziele, die nicht um ihrer selbst willen, sondern als *Mittel* zum Erlangen von Glück erstrebt werden. Ein solches Handlungsziel ist beispielsweise der Besitz von Geld, das – wenn der Besitz von Geld nicht als Selbstzweck betrachtet wird – ein Mittel ist, mit dem Dinge erworben werden können, die ihrerseits Lust hervorrufen und damit Glück herbeiführen. 2) Zum anderen gibt es Handlungsziele, die wie beispielsweise Tugend oder Gesundheit um ihrer selbst willen erstrebt werden. Die Handlungsziele des zweiten Typs bezeichnet Mill als *Bestandteile des Glücks* und behauptet, daß sie um ihrer selbst willen erstrebt werden, weil sie Lust hervorrufen oder Unlust abwenden und damit Glück herbeiführen. (U 13, 62 ff.) Beispielsweise soll demnach die Tugend um ihrer selbst willen erstrebt werden, weil das Bewußtsein der eigenen Tugendhaftigkeit Lust verschafft oder Unlust abwendet. Auf der Grundlage dieser Unterscheidung von Handlungszielen behauptet Mill daher, »daß in Wirklichkeit nichts anderes begehrt wird, als Glück«, (ebd. 66) wobei er den Anspruch erhebt, diejenigen Handlungsziele, die um ihrer selbst willen erstrebt werden, nicht zu Mitteln zum Erlangen von Glück zu reduzieren. Dieser psychologische Hedonismus ist die Grundlage von Mills ethischem Hedonismus, dem zufolge ausschließlich Glück als Zweck menschlichen Handelns wünschenswert ist. Auf diesen ethischen Hedonismus stützt sich wiederum Mills Behauptung, daß das kollektive Glück als oberster Zweck das einzige Kriterium für die moralische Bewertung von Handlungen und Handlungsregeln ist:

»Wenn die Auffassung, die ich soeben dargelegt habe, psychologisch richtig ist – wenn die menschliche Natur so beschaffen ist, daß sie nichts begehrt, was nicht entweder ein Teil des Glücks oder ein Mittel zum Glück ist, dann haben wir keinen anderen und benötigen keinen anderen Beweis dafür, daß dies die einzigen wünschenswerten Dinge sind. In diesem Fall ist Glück der einzige Zweck menschlichen Handelns und die Beförderung des Glücks der Maßstab, an dem alles menschliche Handeln gemessen werden muß – woraus notwendig folgt, daß es das Kriterium der Moral sein muß ...« (Ebd. 66 f.)

Damit stützt Mill in seinem dritten Begründungsschritt wiederum seinen ethischen Hedonismus mit Bezug auf

Überlegungen zum psychologischen Hedonismus. Würde man Mills Einschränkungen hinsichtlich des Begründungsanspruchs seiner Überlegungen außer acht lassen, müßte man auch diese Begründung ebenso wie den ersten Begründungsschritt als naturalistischen Fehlschluß ablehnen.

Der Glücksbegriff Mills ist in verschiedener Hinsicht problematisch. Zum einen verwendet Mill diesen Begriff im Rahmen seines psychologischen Hedonismus in einer sehr weiten Bedeutung, um damit alle Zwecke beschreiben zu können, die in Handlungen intendiert werden. Wenn aber der Glücksbegriff in einer derart weiten Bedeutung verwendet wird, dann bereitet dieser Begriff im Rahmen des ethischen Hedonismus die Schwierigkeit, wie diejenigen Handlungen und Handlungsregeln identifiziert werden können, die der Realisierung des kollektiven Glücks nützlich sein sollen. Mit anderen Worten, die Schwierigkeit besteht darin, diejenigen Handlungen und Handlungsregeln, die dem kollektiven Glück nützlich sind, von denjenigen zu unterscheiden, die dem kollektiven Glück abträglich sind.[73] Zum anderen kritisiert Skorupski, daß Mills Begriff des Glücks nicht geeignet ist, den in allen Handlungen intendierten Zweck zu beschreiben. Er betrachtet daher Mills psychologischen Hedonismus als unangemessenen Reduktionismus und argumentiert dafür, daß neben Glück weitere Zwecke zur Beschreibung von Handlungszielen herangezogen werden müssen.[74]

Während diese Einwände berechtigt sind und auf Probleme der hedonistischen Konzeption Mills hinweisen, ist sein Ansatz nicht dem polemischen Vorwurf Carlyles ausgesetzt, eine »pig philosophy« zu sein.[75] Dieser Vorwurf, der gegen den Utilitarismus wegen dessen hedonistischen Voraussetzungen erhoben wurde, geht davon aus, daß unter dem Begriff der Lust, durch den der Glücksbegriff definiert wird, ausschließlich sinnliche Lust verstanden wird. Diese Art des Glücks ist laut Carlyle und anderen Kritikern nicht geeignet, als Kriterium zur moralischen Beurteilung von Handlungen und Handlungsregeln herangezogen zu werden, weil sie den Bedürfnissen der Tiere zu ähnlich ist und damit in qualitativer Hinsicht zu niedrig steht. Damit wird dem Utilitarismus vorgeworfen, die Moral zu einem Instrument der Befriedigung niederer Bedürfnisse zu machen, wenn Glück durch Lust definiert und zum Kriterium des moralischen Werts von Handlungen und Handlungsregeln erklärt wird. Diese Kritik bezieht sich primär auf eine Version des Utilitarismus, die von Bentham in der Arbeit *Einführung in die Prinzipien von Moral und Gesetzgebung* (1780) vertreten wird. In dieser Arbeit entwickelt Bentham die Konzeption des *hedonistischen Kalküls*, der ebenso wie Mills Nützlichkeitsprinzip ein Kriterium zur moralischen Beurteilung von Handlungen und Handlungsregeln sein soll. Benthams Ansatz zeichnet sich dadurch aus, daß bei der Beurteilung von Handlungen und Handlungsregeln mit Hilfe des hedonistischen Kalküls ausschließlich quantitative Aspekte bezüglich der Lust berücksichtigt und qualitative Unterschiede in die Nützlichkeitserwägungen nicht einbezogen werden. Vor diesem Hintergrund kann Bentham daher behaupten, daß unter der Voraussetzung, daß zwei Tätigkeiten den gleichen quantitativen Betrag an Lust erzeugen, eine intellektuell hochstehende Tätigkeit als ebenso erstrebenswert wie irgendeine andere ausschließlich mit sinnlicher Lust verbundene Tätigkeit betrachtet werden muß.

Um den Einwand zu entkräften, daß die vom Utilitarismus vorausgesetzte hedonistische Konzeption einen Begriff des Glücks und der Lust enthält, der nicht dazu geeignet ist, als Grundlage der moralischen Beurteilung von Handlungen und Handlungsregeln zu fungieren, verändert Mill als Reaktion auf die gegen Bentham vorgebrachten Kritiken den Begriff der Lust, indem er neben quantitativen Unterschieden auch qualitative Differenzen zwischen Typen von Lust berücksichtigt. (U 13 ff.)[76] Die qualitativen Unterschiede zwischen Typen von Lust werden laut Mill ebenso wie die quantitativen Unterschiede zwischen Lust-zuständen eines Typs von denjenigen Subjekten bestimmt und zueinander in Beziehung gesetzt, die diese Typen von Lust erfahren können. Die Festlegung qualitativer und quantitativer Unterschiede bezüglich Lust geschieht dem-nach im Zuge von empirischen Untersuchungen, die als In-trospektion näher gekennzeichnet werden können. Die Fra-ge, welcher von zwei Typen von Lust als in qualitativer Hinsicht höherwertig und damit als erstrebenswerter zu be-werten ist, muß Mill zufolge von denjenigen Subjekten ent-schieden werden, die dazu in der Lage sind, beide Typen von Lust zu erfahren, weil sie laut Mill die einzige kompetente In-stanz darstellen, die zu einer solchen Beurteilung in der Lage ist:

»Fragt man mich nun, was ich meine, wenn ich von der unterschied-lichen Qualität von Lustzuständen spreche, und was eine Lust – bloß als Lust, unabhängig von ihrem größeren Betrag – wertvoller als eine andere macht, so gibt es nur eine mögliche Antwort: von zwei Lust-zuständen ist derjenige wünschenswerter, der von allen oder nahezu allen, die beide erfahren haben – ungeachtet des Gefühls, einen von beiden aus moralischen Gründen vorziehen zu müssen –, entschieden bevorzugt wird. Wird der eine von zwei Lustzuständen von denen, die beide kennen und beurteilen können, so weit über den anderen gestellt, daß sie ihn auch dann noch vorziehen, wenn sie wissen, daß er größere Unzufriedenheit verursacht, und ihn gegen noch so viele andere Lustzustände, die sie erfahren könnten, nicht eintauschen möchten, sind wir berechtigt, jener Lust eine höhere Qualität zuzu-schreiben, die die Quantität so weit übertrifft, daß diese im Vergleich nur gering ins Gewicht fällt.« (U 15 f.)[77]

Indem Mill zur Bedingung macht, daß ein Subjekt nur dann zu einem kompetenten Urteil über zwei qualitativ verschiede-ne Lustzustände befähigt ist, wenn es beide erfahren kann, schützt er seine Position vor der Schwierigkeit, daß den Ein-wänden derjeniger, die nicht dazu in der Lage sind, die betref-fenden Lustzustände zu erfahren, Gewicht beigemessen wird: Demnach ist beispielsweise das Urteil eines Menschen, der keine intellektuelle Lust erleben kann, bezüglich deren Qualität ohne Belang. Mit dieser Überlegung kann Mill nicht nur sinnliche, sondern ebenfalls intellektuelle Freuden unter seinen Begriff der Lust und damit gleichfalls unter den Begriff des Glücks subsumieren, weshalb Mills utilitaristischer Ansatz dem Vorwurf Carlyles nicht ausgesetzt ist.

Die Anwendung des Nützlichkeitsprinzips setzt demnach in zwei Hinsichten empirisches Wissen voraus: 1) Einerseits werden die qualitativen Unterschiede zwischen verschiedenen Typen von Lust empirisch festgelegt. 2) Andererseits werden in den konkreten Fällen, in denen das Nützlichkeitsprinzip zur Anwendung kommt, diejenigen Informationen über Lust und Unlust der von bestimmten Handlungsfolgen Betroffenen im Zuge empirischer Untersuchungen erhoben. In diesem Zusammenhang muß auf zwei Probleme hingewiesen werden, die nicht nur Mills Utilitarismus, sondern allen utilitaristischen Ansätzen gemeinsam sind, die zur Anwendung des Nützlichkeitsprinzips durch Introspektion gewonnenes empirisches Wissen über die Quantität und Qualität von Lust und Unlust voraussetzen. Das erste Problem, das in Anlehnung an Höffe als das Problem des *intrapersonalen* Nutzenvergleichs bezeichnet werden kann,[78] besteht in der Schwierigkeit, quantitative und qualitative Unterschiede zwischen Lustzuständen, die man selber erfährt, genau zu bestimmen. Das zweite Problem, das Problem des *interpersonellen* Nutzenvergleichs, beschreibt die Schwierigkeit, das Wissen von der quantitativen und qualitativen Beschaffenheit der eigenen Lustzustände mit anderen Personen zu kommunizieren und die eigenen Lustzustände mit deren Lustzuständen zu vergleichen. Beide Probleme sprechen dafür, daß das Nützlichkeitsprinzip nicht zur *exakten* Bestimmung des Nutzens verschiedener Handlungen oder Handlungsregeln verwendet werden kann. Obwohl es daher als exaktes Entscheidungskriterium ungeeignet ist, besteht weiterhin die Möglichkeit, daß es als orientierende Entscheidungshilfe verwendet werden kann.

3.4 Das Verhältnis von Gerechtigkeit und Nützlichkeit

Als drittes Problemfeld sollen abschließend Mills Überlegungen zum Zusammenhang von Gerechtigkeit und Nützlichkeit thematisiert werden, die er im fünften Kapitel des Aufsatzes *Der Utilitarismus* durchführt. Unter dem Begriff der Gerechtigkeit versteht Mill moralische Gerechtigkeit. Er betrachtet es als angemessen, sowohl ethische Normen als auch das durch Gesetze formulierte Recht in moralischer Hinsicht zu beurteilen und als moralisch gerecht oder ungerecht zu qualifizieren. (U 75 ff.)

In seinen Überlegungen zum Verhältnis von Gerechtigkeit und Nützlichkeit setzt sich Mill mit dem Einwand auseinander, daß nicht alle Handlungen und Handlungsregeln, die anhand des Nützlichkeitsprinzips moralisch positiv bewertet werden, nach den gängigen Gerechtigkeitsvorstellungen zwangsläufig gerecht sind. Dieser Einwand stützt sich darauf, daß Situationen konstruiert werden können, in denen das kollektive Glück durch Handlungen vergrößert werden kann, die gegen die gängigen Vorstellungen von Gerechtigkeit verstoßen, weil sie grundlegende moralische oder gesetzliche Rechte mancher Betroffener einschränken oder gar vollständig außer Kraft setzen. So ist beispielsweise vorstellbar, daß unter Umständen das kollektive Glück durch Handlungen maximiert werden kann, in denen Unschuldige dem Wohl der Allgemeinheit geopfert werden. In einem anderen Beispiel, das von David Lyons konstruiert wird, darf eine Gruppe von Personen einen Rasen nicht betreten, weil dieser durch das Betreten zerstört werden würde.[79] Man würde ihn aber nicht zerstören, wenn nur einige Personen aus dieser Gruppe den Rasen betreten. Da in dem Fall, daß einige Personen den Rasen betreten dürfen, das kollektive Glück größer ist als in dem Fall, daß keiner den Rasen betreten darf, ist es aufgrund des Nützlichkeitsprinzips in moralischer Hinsicht besser, wenn einige Personen den Rasen betreten dürfen. Von dem Standpunkt gängiger Gerechtigkeitsvorstellungen aus betrachtet ist aber eine solche Bevorzugung ungerecht.

Weil in solchen Fällen das kollektive Glück mit ungerechten Handlungen maximiert werden kann, wird das Nützlichkeitsprinzip als »Maßstab für Recht und Unrecht« fragwürdig. (U 5) Da das Nützlichkeitsprinzip bei der moralischen Beurteilung von Handlungen und Handlungsregeln ausschließlich deren Nutzen für das kollektive Glück in Betracht zieht, ist es auch unter der Voraussetzung, daß das Glück aller Betroffenen in gleicher Weise berücksichtigt wird, möglich, daß es als zur Maximierung des kollektiven Glücks zulässig betrachtet wird, daß einige Personen bevorzugt werden, während andere keine Lust erfahren oder sogar extremer Unlust ausgesetzt werden. Demnach kann das Nützlichkeitsprinzip nicht garantieren, daß ausschließlich solche Handlungen und Handlungsregeln in moralischer Hinsicht positiv bewertet werden, die mit den gängigen Vorstellungen von Gerechtigkeit übereinstimmen. Die Angemessenheit des Nützlichkeitsprinzips zur moralischen Beurteilung von Handlungen und Handlungsregeln wird damit in zwei Hinsichten problematisiert: 1) Zum einen wird behauptet, daß der Begriffsumfang der Begriffe »Gerechtigkeit« und »Nützlichkeit« partiell verschieden ist: Es kann demnach Handlungen und Handlungsregeln geben, die zwar mit Bezug auf das kollektive Glück nützlich, aber nach den gängigen Moralvorstellungen nicht gerecht sind. 2) Zum anderen wird kritisiert, daß Mills Utilitarismus dem Anspruch moralischer Prinzipien auf unbedingte Geltung nicht Rechnung tragen kann, weil er den moralischen Wert von Handlungen und Handlungsregeln als vom Nutzen für das kollektive Glück abhängig betrachtet: Je nachdem, was für das kollektive Glück als nützlich betrachtet wird, können unter verschiedenen Umständen Handlungen und Handlungsregeln in unterschiedlicher Weise moralisch beurteilt werden. Der Geltungsanspruch moralischer Prinzipien, daß sie unter allen Umständen befolgt werden müssen, kann daher vom Utilitarismus nicht gewährleistet werden.

Im folgenden soll verdeutlicht werden, daß diese Kritik nur unter der Bedingung zutreffend ist, daß Mill mit seinem Utilitarismus beabsichtigt, allen gängigen Vorstellungen von Gerechtigkeit Rechnung zu tragen. Berücksichtigt man statt dessen das gesellschaftskritische Motiv Mills, wonach das Nützlichkeitsprinzip als »Norm der Moral« die Funktion besitzt, (ebd. 21) zu *definieren,* welche Handlungsregeln moralisch positiv zu bewerten sind, dann muß die obige Kritik als unangemessen zurückgewiesen werden, weil sie Mills theoretischen Motiven nicht gerecht wird.

Um das obige Problem, das Mill als »die einzig wirkliche Schwierigkeit der utilitaristischen Moralphilosophie« bezeichnet, (ebd. 111) zu lösen und das Nützlichkeitsprinzip als angemessenes Kriterium für den moralischen Wert von Handlungen und Handlungsregeln auszuweisen, argumentiert er im Rahmen eines gemäßigten Egoismus für die These, daß jede gerechte Handlung ebenfalls für das kollektive Glück nützlich ist. Mill zufolge ist jeder Mensch aufgrund seines Verstandes prinzipiell dazu in der Lage, sein »wohlverstandenes Eigeninteresse« zu erkennen. (Ebd. 92) Diese Erkenntnis besteht in der Einsicht, daß jeder einzelne als Teil einer Gesellschaft ein Interesse an der Förderung des kollektiven Glücks der betreffenden Gesellschaft haben muß, weil auf diese Weise auch seine eigenen Interessen unterstützt werden. Die Einsicht in das wohlverstandene Eigeninteresse besteht daher in der Erkenntnis der Gemeinsamkeit der individuellen und kollektiven Interessen:

»... vermag der Mensch schon aufgrund seines überlegenen Verstandes eine Gemeinschaft der Interessen zwischen sich und der menschlichen Gesellschaft, deren Teil er ist, zu erkennen, derart, daß jedes Verhalten, das die Sicherheit der Gesellschaft im allgemeinen bedroht, auch für seine eigene Sicherheit bedrohlich wird ...« (Ebd. 89)

Demnach ist es das Interesse an der eigenen Sicherheit und an dem eigenen Glück, das die Menschen, sofern sie ihr wohlverstandenes Eigeninteresse erkannt haben, dazu bringt, bestimmte Prinzipien, welche die eigene Sicherheit und das eigene Glück garantieren sollen, zu befolgen und deren Einhaltung ebenfalls von allen anderen Mitgliedern ihrer Gesellschaft zu fordern. Während Mill damit einen gemäßigten Egoismus vertritt, behauptet er, daß ein extremer Egoismus, dem zufolge jeder ausschließlich seine eigenen Interessen ohne Rücksichtnahme auf die Interessen der anderen Mitglieder einer Gesellschaft verfolgt, nicht dazu geeignet ist, die Sicherheit innerhalb einer Gesellschaft zu garantieren. (Ebd. 91)[80] Aus diesem Grund vertritt Mill die Auffassung, daß die Pflichten der Gerechtigkeit allein aufgrund ihrer Nützlichkeit für das geordnete gesellschaftliche Zusammenleben und das allgemeine Glück Verbindlichkeit besitzen:

»Ein Recht zu haben bedeutet demnach, etwas zu haben, das mir die Gesellschaft schützen sollte. Wenn nun jemand fragt, warum sie das tun sollte, kann ich ihm keinen anderen Grund nennen als die allgemeine Nützlichkeit.« (Ebd. 93)

Auf der Grundlage dieser Überlegungen kann Mill daher behaupten, daß Gerechtigkeit vollständig auf Nützlichkeit gegründet ist und daß »alle Fälle von Gerechtigkeit ... auch Fälle von Nützlichkeit« sind. (Ebd. 111) Die Forderungen der Gerechtigkeit besitzen laut Mill deshalb eine besonders große Verbindlichkeit und gehören zu den wichtigsten Pflichten der Moral, weil sie diejenigen Pflichten sind, die für die Sicherheit einer Gesellschaft und damit für die Realisierung von deren kollektivem Glück am wichtigsten sind:

»Aus dem Gesagten ergibt sich, daß Gerechtigkeit der Name für bestimmte moralische Forderungen ist, die, als Ganzes betrachtet, auf der Skala der sozialen Nützlichkeit einen höheren Platz einnehmen und deshalb in höherem Maße verpflichtend sind als alle anderen, obgleich es Fälle geben mag, in denen eine andere soziale

Pflicht so sehr ins Gewicht fällt, daß sie vor allen allgemeinen Gerechtigkeitsgrundsätzen Vorrang genießt.« (Ebd. 110; vgl. auch 103 f.)

Damit hat Mill zwar den Begriff der Gerechtigkeit insoweit unter den Begriff der Nützlichkeit für das kollektive Glück subsumiert, als alle moralischen Pflichten, die Forderungen der Gerechtigkeit repräsentieren, prinzipiell mit Bezug auf die Nützlichkeit für das kollektive Glück begründbar sein müssen. Mit anderen Worten, er hat gezeigt, daß alle gerechten Handlungen und Handlungsregeln ebenfalls für das kollektive Glück nützlich sein sollen. Daraus folgt aber nicht, daß alle für das kollektive Glück nützlichen Handlungen und Handlungsregeln gerecht sind. Im Gegenteil, Mill weist sogar ausdrücklich darauf hin, daß unter Umständen gegen bestimmte Gerechtigkeitsvorstellungen verstoßen werden darf, wenn dies für das kollektive Glück nützlich ist:

»Wie jeder Grundsatz der Gerechtigkeit gilt auch dieser [»Jeder zählt für einen, keiner für mehr als einen«; R.S.] keinesfalls ausnahmslos; im Gegenteil, er paßt sich den jeweils verschiedenen Vorstellungen vom sozial Nützlichen, wie ich bereits bemerkt habe, an. Aber wo immer man glaubt, ihn anwenden zu können, gilt er als ein Gebot der Gerechtigkeit. Alle Menschen haben ein *Recht* auf gleiche Behandlung, außer dann, wenn ein anerkanntes Gemeinschaftsinteresse das Gegenteil erfordert.« (U 109 f.)

Weil Mill die moralische Beurteilung von Handlungen und Handlungsregeln als von den unterschiedlichen Erfordernissen gesellschaftlicher Verhältnisse abhängig betrachtet, kann er zum einen nicht die unbedingte Geltung moralischer Pflichten garantieren. Zum anderen kann er ebenfalls nicht gewährleisten, daß anhand des Nützlichkeitsprinzips ausschließlich solche Handlungen und Handlungsregeln in moralischer Hinsicht positiv bewertet werden, die nach gängigen Moralvorstellungen gerecht sind. Die Antwort auf die Frage, ob diese beiden Feststellungen als Kritik an Mills Utilitarismus verstanden werden können, hängt davon ab, welches Gewicht dem gesellschaftskritischen Motiv Mills beigemessen wird. Wenn vorausgesetzt wird, daß Mill den gängigen Gerechtigkeitsvorstellungen tatsächlich Rechnung tragen will, dann stellen die beiden obigen Feststellungen eine berechtigte Kritik am Utilitarismus Mills dar. Betrachtet man hingegen sein gesellschaftskritisches Interesse als wesentliches Motiv, dann stellt die obige Kritik jedenfalls keine berechtigte immanente Kritik an Mills Utilitarismus dar. Unabhängig von diesen immanenten Fragen kann an Mills Ansatz allerdings die berechtigte externe Kritik geübt werden, daß es für die Plausibilität seines Ansatzes und insbesondere des Nützlichkeitsprinzips besser gewesen wäre, wenn er sich mehr darum bemüht hätte, allgemein akzeptierten und grundlegenden Prinzipien der Gerechtigkeit und deren unbedingtem Geltungsanspruch stärker Rechnung zu tragen, als er es getan hat.

Abschließend soll kurz auf ein weiteres Problem zum Verhältnis von Gerechtigkeit und Nützlichkeit eingegangen werden. Dieses Problem, das als Problem der distributiven Gerechtigkeit bezeichnet wird, bezieht sich auf die Gerechtigkeit der Verteilung des kollektiven Nutzens auf die betroffenen Personen: Während Mill zwar ausdrücklich hervorhebt, daß bei der Ermittlung des kollektiven Nutzens von Handlungen und Handlungsregeln das Glück aller Betroffenen in gleichem Maß berücksichtigt werden muß, legt er nicht den Verteilungsmodus fest, nach dem der kollektive Nutzen auf die Betroffenen verteilt wird. Vom Standpunkt des kollektiven Nutzens aus ist es aber gleichgültig, ob alle Betroffenen an dem kollektiven Nutzen zu gleichen Anteilen teilhaben oder ob der kollektive Nutzen nur einigen wenigen Personen oder sogar nur einer einzigen Person zugute kommt. Daher ist es möglich, daß der kollektive Nutzen in einer Weise auf die betroffenen Personen verteilt wird, die nach gängigen Gerechtigkeitsvorstellungen als ungerecht angesehen wird. Mills Utilitarismus ist insofern unterbestimmt und muß durch zusätzliche Prinzipien ergänzt werden, wenn die distributive Gerechtigkeit gewährleistet werden soll.[81]

Beispielsweise kann man Mills Utilitarismus durch das *Prinzip des abnehmenden Grenznutzens* ergänzen: Dieses Prinzip enthält die Behauptung, daß der Nutzen für eine Person nicht proportional mit der Anzahl von Dingen oder Handlungen wächst, die dieser Person zugute kommen. Statt dessen gibt es einen Punkt, von dem an der Nutzen für eine Person kaum noch gesteigert werden kann, beziehungsweise von dem an Lust sogar in Unlust umschlagen kann. Betrachtet man zum Beispiel den Fall, daß es für zehn Personen, die gern Torte essen, zehn Stück Torte gibt und daß diese Tortenstücke so verteilt werden sollen, daß das kollektive Glück maximal ist. Dann muß gemäß dem Prinzip des abnehmenden Grenznutzens bei der Festlegung des Verteilungsmodus berücksichtigt werden, daß der Nutzen, den der Verzehr von Torte für die einzelnen Personen besitzt, mit jedem gegessenen Stück abnimmt. Spätestens nach dem fünften Tortenstück wird der durch den Verzehr von Torte erzielte Lustgewinn bei den meisten Personen gegen Null tendieren. Geht man davon aus, daß der Pro-Kopf-Nutzen des Verzehrs von Torte beim ersten Stück am größten ist, dann kann das kollektive Glück nur dadurch maximiert werden, daß jede Person ein Stück Torte erhält. Unter Berücksichtigung des Prinzips des abnehmenden Grenznutzens kann man daher in einigen Fällen auf der Grundlage von Nützlichkeitsüberlegungen zu einer Verteilung des kollektiven Nutzens gelangen, die nach gängigen Gerechtigkeitsvorstellungen als gerecht bezeichnet werden kann. Allerdings stellt sich ein solches Ergebnis nur unter der Voraussetzung ein, daß der Pro-Kopf-Nutzen, der durch Dinge oder Handlungen erzeugt wird, bei deren Vermehrung deutlich abnimmt. Bei bestimmten Dingen wie beispielsweise Geld ist dies nicht der Fall, weshalb das Prinzip des abnehmbaren Grenznutzens nicht in allen Fällen die distributive Gerechtigkeit gewährleisten kann.

Zusammenfassend kann erstens festgehalten werden, daß Mill mit seinem Utilitarismus eine Position vertritt, die zum ethischen Naturalismus gerechnet werden muß, weil in seinem Ansatz Wertbegriffe und normative Aussagen der Moral mit Bezugnahme auf deskriptive Begriffe und deskriptive Aussagen definiert beziehungsweise begründet werden: Der moralische Wert von Handlungen und Handlungsregeln wird in Abhängigkeit von deren Nutzen für das kollektive Glück bestimmt. Da Mill seine utilitaristische Ethik zudem als empirische Wissenschaft betrachtet, die keinerlei apriorisches Wissen in Anspruch nimmt, steht sie in Übereinstimmung mit Mills erkenntnistheoretischem Naturalismus.

Zweitens haben die dargestellten Probleme verdeutlicht, daß der Funktion des Nützlichkeitsprinzips als Auswahlkriterium zwischen Handlungen und Handlungsregeln und als »Norm der Moral« ernstzunehmende Schwierigkeiten entgegenstehen: Einerseits sind die für die Nützlichkeitserwägungen erforderlichen Informationen aufgrund der Schwierigkeiten des intrapersonalen und interpersonellen Nutzenvergleichs nicht in zuverlässiger Weise epistemisch zugänglich. Andererseits wurde deutlich, daß das Nützlichkeitsprinzip den gängigen Gerechtigkeitsvorstellungen nicht in befriedigender Weise Rechnung tragen kann. Durch diese Schwierigkeiten wird nahegelegt, das Nützlichkeitsprinzip mit eingeschränkteren Funktionen auszustatten. Beispielsweise eignet sich das Nützlichkeitsprinzip dazu, als heuristisches Prinzip eingesetzt zu werden: Es kann dazu dienen, komplexe Fälle für moralphilosophische Untersuchungen zugänglicher zu machen, indem man es zur Entwicklung von Vorschlägen verwendet. Ebenfalls kann das Nützlichkeitsprinzip als zusätzliches Kriterium in solchen Fällen herangezogen werden, in denen die möglichen Alternativen in gleicher Weise als gerecht beurteilt werden: In diesen Fällen wird das Nützlichkeitsprinzip dazu verwendet, aus den gerechten Alternativen diejenige auszuwählen, die das Glück der betroffenen Personen maximiert. Eine weitere

Möglichkeit, auf die oben genannten Schwierigkeiten zu reagieren, besteht in der inhaltlichen Modifikation des Nützlichkeitsprinzips. Peter Singer, dessen Ansatz hier als Beispiel angeführt werden soll, weil er in neuerer Zeit besonders kontrovers diskutiert wurde, stellt in Anlehnung an Mills Nützlichkeitsprinzip das »Prinzip der gleichen Erwägung von Interessen« auf:[82] Die Grundlage der Beurteilung von Handlungen und Handlungsregeln anhand von Singers Prinzip sind nicht Lust und Unlust, sondern die Interessen der betroffenen Personen. Die Interessen aller betroffenen Personen müssen bei den Nützlichkeitserwägungen unterschiedslos und in gleicher Weise berücksichtigt werden. Singers Prinzip formuliert, daß eine Handlung oder Handlungsregel nur dann moralisch positiv bewertet werden kann, wenn sie in dem Sinne nützlich ist, daß die Interessen der betroffenen Personen in stärkerem Maße befördert als beeinträchtigt werden. Ein Vorteil dieses Prinzips gegenüber Mills Nützlichkeitsprinzip besteht darin, daß Interessen leichter als das Glück von Personen zu identifizieren sind. Die theoretischen Probleme, mit denen der Utilitarismus Mills behaftet ist, sprechen daher nicht gegen die philosophische Relevanz des Utilitarismus im allgemeinen.

4. Liberalismus: Der Schutz des Individuums vor der »Tyrannei der Mehrheit«

4.1 Einleitung

Im Mittelpunkt von Mills Aufsatz *Über die Freiheit* (1859) steht das Verhältnis des Individuums zur Gesellschaft. Der Ausgangspunkt seiner Überlegungen in diesem Aufsatz ist die These, daß sowohl die politische als auch die soziale Freiheit des Individuums gefährdet ist, da sie in wachsendem Maße von der Gesellschaft eingeschränkt wird. Diese Freiheit muß Mill zufolge vor dem Zugriff der Gesellschaft geschützt werden, weil sie eine wesentliche Bedingung für den gesellschaftlichen Fortschritt und damit für die allgemeine Wohlfahrt darstellen soll. Um die Grenze der rechtmäßigen Machtausübung der Gesellschaft über das Individuum zu bestimmen, formuliert Mill einen Grundsatz, der im folgenden als »Freiheitsprinzip« bezeichnet wird. Das Freiheitsprinzip enthält die Behauptung, daß die Freiheit von Personen nur unter der Bedingung eingeschränkt werden darf, daß dies zum Selbstschutz der Gesellschaft beziehungsweise zum Schutz anderer Personen geschieht. Anhand des Freiheitsprinzips soll entscheidbar sein, welche Handlungen der gesetzlichen oder moralischen Kontrolle durch die Gesellschaft unterliegen und über welche Handlungen ausschließlich das Individuum bestimmen darf.[83] Die Freiheiten des Individuums, um deren Schutz es Mill geht, sind die drei folgenden: (F 20) 1) Gewissens- und Diskussionsfreiheit, 2) persönliche Freiheit der Lebensführung, 3) Vereinigungsfreiheit.

Der Liberalismus Mills steht in der ideengeschichtlichen Tradition der liberalen politischen Theorien von Thomas Hobbes und vor allem von John Locke. Im Unterschied zu Hobbes in den Arbeiten *De Cive* (1642) und *Leviathan* (1651) vertritt Locke in den *Zwei Abhandlungen über die Regierung* (1690) die Naturrechtskonzeption, daß das Individuum bereits im Naturzustand, in dem es keine rechtlichen Regelungen zwischen den Individuen gibt, sondern der »Krieg aller gegen alle« herrscht, der Träger von Rechten ist.[84] Diese Rechte des Individuums, zu denen beispielsweise das Recht auf Selbsterhaltung zählt, müssen im Gesellschaftsvertrag, den die Individuen zur Beendigung des Naturzustands miteinander schließen, berücksichtigt werden. Der Staat, der auf der Grundlage des Gesellschaftsvertrags errichtet wird, besitzt daher lediglich eine Ordnungs- und Sicherheitsfunktion: Seine Funktion besteht Locke zufolge ausschließlich in der Sicherung von Freiheit, Leben und Eigentum. Das heißt, der Staat darf demnach die Freiheit des Individuums nicht in höherem Maße einschränken, als zur Sicherung von Leben und Eigentum seiner Mitglieder erforderlich ist. Beispielsweise darf die individuelle Freiheit nach Locke nicht vom Staat beschränkt werden, um die Individuen zu einem »guten Leben« zu führen.

Mill teilt die Auffassung, daß der Staat lediglich eine Sicherheits- und Ordnungsfunktion besitzt und die Freiheit des Individuums nicht einschränken darf, um in die individuelle Lebensführung einzugreifen. Allerdings unterscheidet sich sein Ansatz von den Theorien Hobbes' und Lockes darin, daß er die Begründung des Liberalismus im Rahmen einer Naturrechtskonzeption ablehnt. (F 18, 103) Statt dessen erhebt er den Anspruch, seinen Liberalismus durch seine utilitaristische Ethik fundieren zu können. Aus diesem Grund bemüht sich Mill darum, sein Freiheitsprinzip dadurch zu begründen, daß diejenigen Freiheiten des Individuums, die gemäß diesem Prinzip vor der Gesellschaft geschützt werden müssen, der allgemeinen Wohlfahrt dienen und damit hinsichtlich des kollektiven Glücks nützlich sind. Mill beabsichtigt daher zu zeigen, daß die Anwendung seines Freiheitsprinzips der Realisierung des kollektiven Glücks dient.

Der hauptsächlich durch die Theorien von Hobbes und Locke geprägte politische Liberalismus wurde in England im 18. und 19. Jahrhundert überwiegend zusammen mit dem ökonomischen Liberalismus vertreten, der in der Freihandelslehre von Adam Smith und David Ricardo zum Ausdruck kommt.[85] Danach sind dirigistische Eingriffe des Staats in die Wirtschaft unzulässig. Das Vertrauen in die selbstregulierenden Kräfte des politischen und wirtschaftlichen Lebens, das der Forderung der frühliberalistischen Theorien nach »laissez-faire« im Bereich der Politik und der Wirtschaft zugrunde liegt, teilt Mill nicht. Vielmehr bezweifelt er deren Wirksamkeit und befürchtet, daß insbesondere die englische Gesellschaft dazu tendiert, Minderheiten sowohl politisch als auch sozial zu unterdrücken. Um diesen Tendenzen, die laut Mill durch das »laissez-faire« begünstigt werden, entgegenzuwirken, fordert er einerseits in seinen *Betrachtungen über die repräsentative Regierung* (1861) die Einrichtung einer repräsentativen Demokratie, die dem politischen Einfluß von Minderheiten größeres Gewicht verleiht. Andererseits stellt er aus diesem Grund das oben dargestellte Freiheitsprinzip auf, mit Hilfe dessen die Grenze der rechtmäßigen politischen und sozialen Machtausübung der Gesellschaft über das Individuum bestimmt werden soll.

Der Eindruck, daß zu seiner Zeit die politische und soziale Freiheit des Individuums in besonderem Maße von der »Tyrannei der Mehrheit« bedroht ist, entsteht bei Mill einerseits durch die im »Viktorianischen Zeitalter« besonders ausgeprägte Orthodoxie des Denkens in Fragen der Moral, die mit dem Anspruch großer Verbindlichkeit auftritt.[86]

»... die Gemeinschaft hat jetzt deutlich den Vorrang vor dem Individuum gewonnen, und die Gefahr, die jetzt die menschliche Rasse bedroht, ist nicht das Übermaß, sondern der Mangel persönlicher Impulse und Vorrechte ... In unserer Zeit lebt jeder, von den höchsten bis zu den niedrigsten Klassen der Gesellschaft, unter den Augen einer feindlichen, gefürchteten Zensur.« (F 84)

Andererseits steht seine Einschätzung unter dem Eindruck der im Zuge der Industrialisierung erfolgenden Angleichung der Lebensverhältnisse, die laut Mill dazu führt, daß nicht nur die Formen der Lebensführung, sondern ebenfalls die Meinungen der Menschen einander immer ähnlicher werden:

»Wenn man es vergleicht, lesen, hören, sehen sie jetzt dieselben Dinge, gehen an dieselben Orte, richten Hoffnungen und Befürchtungen auf dieselbe Sache, haben dieselben Rechte und Freiheiten und dieselben Mittel, diese zu verfechten ... Und diese Angleichung schreitet noch fort.« (Ebd. 101)

Diese Entwicklung wird von Mill negativ bewertet, weil er einerseits die Auffassung Wilhelm von Humboldts teilt, daß »Freiheit und die Mannigfaltigkeit der äußeren Umstände« zwei für die menschliche Entwicklung und den gesellschaftlichen Fortschritt wesentliche Bedingungen sind. (Ebd.) Andererseits gefährdet laut Mill diese Entwicklung die Freiheit des Individuums, weil sie dazu führen soll, daß Individualität nicht mehr als Wert betrachtet wird, womit »jede soziale Unterstützung der Ungleichförmigkeit« entfällt. (Ebd. 102)

Die Behauptung, daß die Gefährdung der politischen und sozialen Freiheit des Individuums zu seiner Zeit besonders groß ist, begründet Mill dadurch, daß Gesellschaften mit demokratischen Regierungen dazu tendieren, Minderheiten sowohl politisch als auch sozial zu unterdrücken. Die Demokratie ist für Mill zwar die einzige gerechte Regierungsform, weil sie auf der Freiheit und Gleichheit ihrer Mitglieder beruht. Aber sie birgt seiner Meinung nach besondere

Gefahren in sich, weil die Demokratie die Gleichheit auf Kosten der Freiheit fördert. In diesem Punkt stimmt er mit Alexis de Tocqueville überein, weshalb sich Mill in einer Rezension von Tocquevilles Buch *Über die Demokratie in Amerika* (1835/40) dessen Befürchtung anschließt, daß demokratische Regierungen langfristig dazu tendieren, die Belange von Minderheiten zugunsten der Interessen der regierenden Mehrheit zu unterdrücken.[87] Diese Einschätzung, daß mit der Demokratie besondere Gefahren für die politische und soziale Freiheit des Individuums verbunden sind, begründet Mill durch zwei Überlegungen:

1. Ein Grund für die Gefährdung der politischen Freiheit besteht demnach darin, daß die Gefahr der Unterdrückung von Minderheiten durch demokratische Regierungen leicht unterschätzt und der Schutz von Minderheiten innerhalb der Demokratie daher nicht als dringlich angesehen wird. Mill zufolge wird der Begrenzung der Macht demokratischer Regierungen über das Individuum insbesondere von den frühen liberalistischen Theorien eine zu geringe Bedeutung beigemessen, weil in diesen Theorien die Auffassung vertreten wird, daß die Demokratie als »Selbstregierung« des Volkes beziehungsweise als »Macht des Volkes über sich selbst« eine solche Begrenzung nicht erfordert. (F 9) Demnach wird die Demokratie für weniger gefährlich als andere Regierungsformen gehalten, weil man meint, daß ein sich selbst regierendes Volk nicht gegen seine eigenen Interessen handeln kann. Diese Auffassung kritisiert Mill zu Recht, weil es bei einer Demokratie ebenso wie bei jeder anderen Regierungsform möglich ist, daß Minderheiten von der regierenden Mehrheit unterdrückt werden:

»Das Volk, welches die Macht ausübt, ist nicht immer dasselbe Volk wie das, über welches sie ausgeübt wird, und die ›Selbstregierung‹, von der geredet wird, ist nicht die Regierung jedes einzelnen über sich selbst, sondern jedes einzelnen durch alle übrigen ... Das Volk *kann* infolgedessen beabsichtigen, einen Teil der Gesamtheit zu bedrücken, und Vorsichtsmaßnahmen dagegen sind ebenso geboten wie gegen jeden anderen Mißbrauch von Gewalt. Die Begrenzung der Regierungsgewalt über Einzelwesen verliert daher nichts von ihrer Dringlichkeit, wenn die Verwalter der Macht weiterhin der Gemeinschaft, das heißt ihrer stärksten Partei, regelrecht verantwortlich sind.« (Ebd.)

2. Der Hauptgrund für die besondere Gefährdung der politischen und sozialen Freiheit des Individuums durch die Demokratie besteht nach Auffassung Mills darin, daß die Demokratie im Unterschied zu anderen Regierungsformen nicht nur die Möglichkeit zur politischen, sondern ebenfalls zur sozialen Machtausübung besitzt. Es ist demnach möglich, daß unter einer demokratischen Regierung nicht nur eine politische, sondern durch die öffentliche Meinung zudem eine soziale »Tyrannei der Mehrheit« ausgeübt wird:

»... daß, wenn die Gesellschaft selbst der Tyrann ist ..., die Mittel der Tyrannei nicht auf die Maßnahmen beschränkt sind, die sie mit Hilfe ihrer politischen Beauftragten verwirklichen kann. Die Gesellschaft kann ihre eigenen Erlasse ausführen und tut es auch; und wenn sie unvernünftige Befehle statt richtiger erläßt oder sich überhaupt in Dinge mischt, die sie nichts angehen, dann übt sie eine soziale Tyrannei aus, fürchterlicher als viele Arten politischer Bedrückung.« (F 9 f.)

Weil diese Tendenz zur Einschränkung der politischen und sozialen Freiheit jeder Demokratie zu eigen sein soll, ist Mill der Meinung, daß durch die englische Demokratie nicht nur die politische, sondern ebenfalls die soziale Freiheit des Individuums besonders gefährdet ist.

Im folgenden wird zuerst Mills Freiheitsprinzip dargestellt. Neben der Funktion dieses Prinzips werden dabei die Schwierigkeiten erörtert, die mit dessen inhaltlicher Bestimmung verbunden sind. Im Anschluß daran wird Mills Anspruch thematisiert, den Liberalismus im Rahmen seiner utilitaristischen Ethik zu begründen. Dazu wird auf verschiedene Interpretationen Bezug genommen, in denen die Frage kontrovers diskutiert wird, ob Mills Liberalismus durch den Utilitarismus begründet werden kann oder ob es sich dabei um miteinander unvereinbare Konzeptionen handelt.

4.2 Inhalt und Funktion des »Freiheitsprinzips«

Mill stellt das Freiheitsprinzip auf, um zu definieren, welche Handlungen von der Gesellschaft zu Recht durch gesetzliche und moralische Vorschriften und Sanktionen kontrolliert werden und welche Handlungen in den Bereich der Freiheit des Individuums fallen und damit einer solchen Kontrolle nicht unterliegen.[88] Mill geht es daher nicht nur um die Sicherung der »äußeren« politischen Freiheiten des Individuums, sondern auch um dessen »inneren« moralischen Freiheiten.[89] Das Freiheitsprinzip enthält die Behauptung, daß die Gesellschaft die Freiheit von Personen nur einschränken darf, wenn dies zum Zweck ihres Selbstschutzes beziehungsweise zum Schutz ihrer Mitglieder geschieht:

»Der Zweck dieser Abhandlung ist es, einen sehr einfachen Grundsatz aufzustellen, welcher den Anspruch erhebt, das Verhältnis der Gesellschaft zum Individuum in bezug auf Zwang oder Bevormundung zu regeln, gleichgültig, ob die dabei gebrauchten Mittel physische Gewalt in der Form von gerichtlichen Strafen oder moralischer Zwang durch öffentliche Meinung sind. Dieses Prinzip lautet: daß der einzige Grund, aus dem die Menschheit, einzeln oder vereint, sich in die Handlungsfreiheit eines ihrer Mitglieder einzumengen befugt ist, der ist: sich selbst zu schützen. Daß der einzige Zweck, um dessentwillen man Zwang gegen den Willen eines Mitglieds einer zivilisierten Gesellschaft rechtmäßig ausüben darf, der ist: die Schädigung anderer zu verhüten ... Nur insoweit sein Verhalten andere in Mitleidenschaft zieht, ist jemand der Gesellschaft verantwortlich. Soweit er dagegen selbst betroffen ist, bleibt seine Unabhängigkeit von Rechts wegen unbeschränkt. Über sich selbst, über seinen eigenen Körper und Geist ist der einzelne souveräner Herrscher.« (F 16 f.)

Mit dem Freiheitsprinzip stellt Mill weder eine hinreichende noch eine notwendige und hinreichende, sondern eine notwendige Bedingung dafür auf, daß die Gesellschaft dazu berechtigt ist, die Freiheit von Personen einzuschränken. Daher behauptet er mit dem Freiheitsprinzip lediglich, daß die Gesellschaft zur Einschränkung der Freiheit eines handelnden Individuums nur dann berechtigt ist, wenn dies zum Schutz anderer Personen geschieht. Er vertritt aber nicht die stärkere Behauptung, daß die Gesellschaft in allen Fällen, in denen es um den Schutz anderer Personen geht, die Freiheit der handelnden Individuen einschränken muß. Es liegt demnach im Ermessensbereich der jeweiligen Gesellschaft, in welchen Fällen, bei denen andere Personen in Mitleidenschaft gezogen werden, die Freiheit eines handelnden Individuums zum Schutz der anderen Personen eingeschränkt wird. Die Funktion des Freiheitsprinzips besteht deshalb nicht darin zu bestimmen, welche Handlungen durch rechtliche oder moralische Vorschriften und Sanktionen von der Gesellschaft kontrolliert werden müssen, sondern sie besteht darin, den Bereich derjenigen individuellen Freiheiten zu definieren, die unter gar keinen Umständen von der Gesellschaft eingeschränkt werden dürfen.

Jede Einschränkung der Freiheit, die nicht zum Schutz anderer Personen geschieht, ist gemäß dem Freiheitsprinzip ungerecht. Damit stellt sich die Frage, wie von Mill begründet wird, daß solche Einschränkungen der Freiheit des Individuums ungerecht sind, die nicht dem Schutz anderer Personen dienen: Warum darf diese Freiheit nur zum Schutz anderer eingeschränkt werden, und aus welchem Grund soll es ungerecht sein, die Freiheit des Individuums zu beschränken, um es zum Beispiel durch Umerziehung zu einem glücklicheren Leben zu führen?

Eine weitere Frage steht im Zusammenhang mit dem Anspruch Mills, mit Hilfe des Freiheitsprinzips die drei obengenannten Freiheiten vor dem Zugriff der Gesellschaft zu schützen. Zwar schränkt er die Geltung des Freiheitsprinzips auf die seiner Auffassung nach zivilisierten Gesellschaften und auf mündige Personen ein und behauptet, daß das Freiheitsprinzip auf Gesellschaften, die aufgrund ihres Entwicklungsstandes für die eingangs genannten Freiheiten noch nicht »reif« sind, ebensowenig Anwendung finden kann wie auf Kinder und andere unmündige Personen. Aber Mill muß trotz dieser Einschränkung zeigen, daß durch die Verwirklichung der drei genannten Freiheiten des Individuums durch mündige Personen und in zivilisierten Gesellschaften andere Personen nicht geschädigt werden können und daß aus diesem Grund gemäß dem Freiheitsprinzip für die Gesellschaft kein Anlaß für die Einschränkung dieser Freiheiten besteht. Es stellt sich daher die Frage, in welcher Weise von Mill begründet wird, daß durch die drei aufgeführten Freiheiten andere Personen nicht geschädigt werden können. Auf diese und die vorhergehende Frage wird im Abschnitt 4.3 eingegangen, da zuvor in diesem Abschnitt Inhalt und Funktion des Freiheitsprinzips näher untersucht werden sollen.

Zu demjenigen Bereich von Handlungen, der gemäß dem Freiheitsprinzip weder durch das Gesetz noch durch die Moral kontrolliert werden darf, rechnet Mill Handlungen, durch die persönliche Vorzüge oder Mängel von Individuen zum Ausdruck gebracht werden. (F 104 ff.) Dazu zählt er beispielsweise Übereilung, Hartnäckigkeit und Eigendünkel sowie die Neigung, »sich tierischen Vergnügungen auf Kosten seines Empfindens und Denkens« hinzugeben. (Ebd. 107) Solche persönlichen Eigenarten berechtigen zwar dazu, bestimmten Personen mit Zuneigung oder mit Abneigung zu begegnen, aber sie dürfen nach Mills Auffassung nicht moralisch beurteilt werden, wenn durch diese Eigenschaften nur das handelnde Individuum selber betroffen ist und andere Personen nicht in Mitleidenschaft gezogen werden.

Erst wenn auch andere Personen betroffen sind, ist es gerechtfertigt, diese Handlungen moralisch zu beurteilen:

»Sie [die persönlichen Eigenarten; R.S.] mögen Beweise für einen gewissen Zug von Torheit, von Mangel an persönlicher Würde und Selbstachtung liefern, aber sie sind nur dann Gegenstand moralischer Mißbilligung, wenn sie eine Pflichtverletzung gegen andere enthalten, um derentwillen der Betreffende gehalten ist, auf sich selbst zu achten. Was man Pflichten gegen sich selbst nennt, hat keine soziale Verbindlichkeit, wenn nicht die Umstände sie zugleich zu Pflichten gegen andere machen.« (Ebd. 108)

Die Behauptung, daß Handlungen nur dann durch moralische oder gesetzliche Sanktionen bestraft werden dürfen, wenn sie gegen Pflichten gegenüber anderen Personen verstoßen, illustriert Mill durch das folgende Beispiel: (Ebd. 110 ff.) Wenn jemand durch seine ausschweifende Lebensführung in die Lage gerät, die von ihm gegründete Familie nicht mehr finanzieren zu können, so verstößt er gegen eine Pflicht beziehungsweise beeinträchtigt der die Interessen der Mitglieder seiner Familie. Für diese Beeinträchtigung der Interessen anderer Personen darf er bestraft werden. Aber er darf Mill zufolge nicht für seine ausschweifende Lebensführung bestraft werden, weil sie in dem Fall, daß der ohne Familie wäre, die Interessen keiner anderen Person beeinträchtigen würde. Zur näheren Bestimmung des Freiheitsprinzips muß daher an dieser Stelle gefragt werden, was Mill darunter versteht, daß Pflichten gegen andere Personen verletzt werden. Wie bestimmt Mill den Begriff der Schädigung, der dem Freiheitsprinzip zugrunde liegt?

Um festzulegen, unter welcher Bedingung andere Personen durch die Handlungen einer bestimmten Person geschädigt werden, unterscheidet Mill in der vorletzten zitierten Passage, in der er das Freiheitsprinzip beschreibt, zwischen Handlungen, die nur die handelnde Person selber betreffen, und Handlungen, die auch andere Personen betreffen. Diese Unterscheidung wird von Mill an anderer Stelle dadurch präzisiert, daß er die beiden Bereiche von Handlungen anhand des Kriteriums unterscheidet, ob Handlungen allein die Interessen des handelnden Individuums betreffen, oder ob sie ebenfalls die Interessen anderer Personen berühren.[90] Demnach gibt es zum einen den Bereich derjenigen Handlungen, die sich ausschließlich auf die Interessen des handelnden Individuums beziehen. Diesen Bereich, für den das Individuum der Gesellschaft nicht verantwortlich ist, beschreibt Mill auch als den Bereich derjenigen Handlungen, an denen allein das Individuum ein direktes Interesse und die Gesellschaft lediglich ein indirektes Interesse hat. (F 19) Daneben gibt es den Bereich derjenigen Handlungen, die neben den Interessen der jeweils handelnden Person ebenfalls die Interessen anderer Personen betreffen. Diese Handlungen dürfen durch die Gesellschaft kontrolliert werden. Zusammenfassend formuliert Mill im fünften Kapitel seines Aufsatzes *Über die Freiheit*:

»Erstens, daß das Individuum der Gemeinschaft nicht für seine Handlungen verantwortlich ist, soweit diese nur seine eigenen Interessen betreffen ... Zweitens, daß für solche Handlungen, die den Interessen anderer zuwiderlaufen, das Individuum verantwortlich ist und die Gesellschaft ihm eine soziale oder gesetzliche Strafe auferlegen kann, wenn sie der Meinung ist, daß die eine oder die andere zu ihrem Schutz nötig sei.« (Ebd. 129)

Eine Person wird demnach geschädigt, wenn deren Interessen durch die Handlungen einer anderen Person beeinträchtigt werden.

Unter »Interessen« versteht Mill in diesem Zusammenhang nicht solche Interessen, die bestimmte Personen de facto haben, sondern solche, die sie haben dürfen: Es geht Mill um die *berechtigten* Interessen des Individuums und um die *berechtigten* Interesssen, welche die Gesellschaft an den Handlungen des Individuums hat. Deshalb weist er darauf hin, daß das Individuum diejenigen Interessen anderer Personen nicht beeinträchtigen darf, die durch gesetzliche Regelungen oder andere Konventionen innerhalb einer Gesellschaft als deren Rechte beziehungweise als berechtigte Interessen anerkannt sind:

»Diese Verpflichtung [des Individuums gegenüber der Gesellschaft; R.S.] besteht erstens darin, die Interessen anderer nicht zu schädigen – besser gesagt: gewisse Interessen, nämlich die, welche man entweder ausdrücklich durch gesetzliche Verfügung oder durch schweigendes Übereinkommen als Rechte betrachten sollte.« (Ebd. 103)

In Übereinstimmung damit formuliert Mill, daß auch der Bereich derjenigen Interessen, die ausschließlich das Individuum betreffen, durch Übereinkunft innerhalb einer Gesellschaft bestimmt wird:

»Dieser [Handlungsbereich, an dem nur das Individuum ein direktes Interesse hat; R.S.] schließt alle Einzelheiten des persönlichen Lebens und Treibens ein, die nur es selbst angehen, oder wenn sie andere auch betreffen, sodann nur mit ihrer freien, unabhängigen und nicht durch Täuschung erlangten Zustimmung und Teilnahme.« (Ebd. 19)

Die Reichweite des Freiheitsprinzips ist direkt abhängig davon, wie der Begriff des berechtigten Interesses bestimmt wird. Gibt man diesem Begriff eine weite Definition und rechnet beispielsweise das Interesse an den religiösen oder politischen Einstellungen von Personen zu den berechtigten Interessen einer Gesellschaft, dann können durch das Freiheitsprinzip weniger Freiheiten des Individuums vor der Gesellschaft geschützt werden, als dies bei einer engeren Definition des Begriffs des berechtigten Interesses der Fall ist: Unter Voraussetzung jener weiten Definition zählt beispielsweise bereits das Vertreten von religiösen oder politischen Meinungen, die mit der öffentlichen Meinung nicht übereinstimmen, zu denjenigen Handlungen, welche die Interessen anderer Personen beeinträchtigen. Gemäß Mills Freiheitsprinzip darf deshalb das Vertreten von solchen abweichenden religiösen oder politischen Meinungen bestraft werden, wenn die obengenannten weite Definition des be-rechtigten Interesses vorausgesetzt wird.

Weil es Mill darum geht, die Gewissens- und Diskus-sionsfreiheit, die persönliche Freiheit der Lebensführung und die Vereinigungsfreiheit als Freiheiten des Individuums vor Einschränkungen durch die Gesellschaft zu schützen, benötigt er eine Theorie über die Rechte des Individuums, die von den Konventionen einzelner Gesellschaften unab-hängig ist und es ihm gestattet, auf der Grundlage des Frei-heitsprinzips die Einschränkung dieser Freiheiten zu verbie-ten. Damit stellt sich die Frage, ob Mill ein Kriterium bereitstellt, anhand dessen entschieden werden kann, welche Interessen zu den berechtigten Interessen des Individuums oder der Gesellschaft zählen. Ein solches Kriterium wird von Mill nicht bereitgestellt. Vielmehr scheint er es den je-weiligen Gesellschaften zu überlassen, festzulegen, welche Interessen als berechtigte Interessen des Individuums oder der Gesellschaft gelten sollen. Dieser Eindruck wird durch die beiden zuletzt zitierten Passagen verstärkt, in denen Mill darauf hinweist, daß durch Konventionen festgelegt wird, was als berechtigtes Interesse gelten soll. Vergegenwärtigt man sich, daß Mills Ziel gerade darin besteht, die Freiheit des Individuums vor der politischen und sozialen »Tyrannei der Mehrheit« zu schützen, dann wird deutlich, daß er die Definition des Begriffs des berechtigten Interesses nicht den einzelnen Gesellschaften überlassen darf. Ansonsten ist es möglich, daß eine »Tyrannei der Mehrheit« die politische und soziale Freiheit des Individuums einschränkt, indem sie den Bereich der berechtigten Interessen des Individuums be-schränkt. Aus diesem Grund scheint Mill sein Vorhaben, die drei obengenannten Freiheiten zu schützen, zu gefährden, wenn er kein Kriterium dafür angibt, was unabhängig von den rechtlichen und moralischen Konventionen bestimmter Gesellschaften als berechtigtes Interesse des Individuums oder der Gesellschaft angesehen werden soll.

Gegen die Annahme, daß die dargestellte Gefährdung

von Mills Vorhaben tatsächlich besteht, spricht allerdings die folgende Überlegung: Mill ist sich durchaus dessen bewußt, daß von der Definition des Begriffs des berechtigten Interesses abhängt, welche Freiheiten des Individuums mit Hilfe des Freiheitsprinzips vor Einschränkungen durch die Gesellschaft geschützt werden können. Beispielsweise wendet er sich gegen das Verbot des Verkaufs alkoholischer Getränke, weil er es als eine unrechtmäßige Einschränkung der Freiheit des Individuums betrachtet. (Ebd. 123 f.) Die Forderung nach diesem Verbot beruht auf der Mill zufolge unangemessenen Auffassung, daß die Gesellschaft ein berechtigtes Interesse an der moralischen Vollkommenheit individueller Personen besitzt. Dies zeigt deutlich, daß Mill die Abhängigkeit der Reichweite des Freiheitsprinzips von der Definition des Begriffs des berechtigten Interesses bewußt ist. Trotzdem kann er darauf verzichten, anhand eines Kriteriums zu bestimmen, welche Interessen als berechtigte Interessen des Individuums oder der Gesellschaft gelten sollen, ohne daß dadurch sein Vorhaben gefährdet wird, die drei genannten Freiheiten des Individuums zu schützen. Um dies zu verdeutlichen, müssen die beiden folgenden Argumentationsstrategien unterschieden werden: 1) Die eine Argumentationsstrategie nimmt ihren Ausgang von der Definition derjenigen Interessen, die als berechtigte Interessen des Individuums oder der Gesellschaft betrachtet werden sollen. Unter Voraussetzung dieser Definition wird mit Hilfe des Freiheitsprinzips bestimmt, welche Freiheiten von der Gesellschaft nicht eingeschränkt werden dürfen. 2) Die andere Argumentationsstrategie geht aus von der Behauptung, daß bestimmte Freiheiten zu den Freiheiten des Individuums zählen und nicht durch die Gesellschaft eingeschränkt werden dürfen. Anschließend wird das Freiheitsprinzip aufgestellt und behauptet, daß es im Rahmen des Utilitarismus begründet werden kann, indem gezeigt wird, daß die von ihm geschützten Freiheiten für das kollektive Glück nützlich sind. Im Anschluß daran wird die Nützlichkeit der zu schützenden Freiheiten für das kollektive Glück im einzelnen nachgewiesen.

Mill verfolgt nicht die erste, sondern die zweite Argumentationsstrategie, weil er seinen Liberalismus nicht im Rahmen einer Naturrechtskonzeption, sondern durch seinen Utilitarismus begründen will. Er verzichtet aus diesem Grund darauf, seinen Liberalismus dadurch zu stützen, daß er Rechte beziehungsweise berechtigte Interessen voraussetzt:

»Ich halte es für geraten, hier zu erklären, daß ich auf jeden Vorteil verzichte, den man für meine Beweisführung aus der Idee eines abstrakten, vom Nützlichkeitsprinzip unabhängigen Rechtes ableiten könnte. Ich betrachte Nützlichkeit als letzte Berufungsinstanz in allen ethischen Fragen, aber es muß Nützlichkeit im weitesten Sinne sein, begründet in den ewigen Interessen der Menschheit als eines sich entwickelnden Wesens. Diese Interessen rechtfertigen, behaupte ich, die Überprüfung individueller Selbstbestimmung durch fremde Überwachung nur hinsichtlich solcher Handlungen der einzelnen, die den Interessenkreis anderer schneiden.« (Ebd. 18)

Mill wendet sich sowohl in dem zwischen 1850 und 1858 entstandenen Aufsatz *Natur* gegen Naturrechtskonzeptionen als auch an anderer Stelle in *Über die Freiheit* gegen die Theorie des Gesellschaftsvertrages. (N 14 ff., F 103) Deshalb ist die Annahme begründet, daß sich die zitierte Wendung gegen ein »abstraktes Recht« auf Naturrechtskonzeptionen bezieht, die davon ausgehen, daß das Individuum bereits vor Abschluß des Gesellschaftsvertrags im Naturzustand der Träger von Rechten ist.[91] Weil Mill ablehnt, solche Rechte und damit ebenfalls berechtigte Interessen als »abstraktes Recht« zu akzeptieren, das nicht durch Nützlichkeitsüberlegungen im Rahmen seines Utilitarismus begründet ist, steht ihm die erste der oben beschriebenen Argumentationsstrategien nicht offen. Mill verfügt nicht über die theoretischen Mittel, um unabhängig von Nützlichkeitsüberlegungen begründen zu können, welche Rechte beziehungsweise berechtigten Interessen das Individuum besitzen soll. Statt dessen muß er die zweite Argumentationsstrategie wählen. Er legt zu Beginn seiner Überlegungen fest, welche Freiheiten als Freiheiten des Individuums betrachtet werden sollen, und bemüht sich darum zu zeigen, daß diese Freiheiten, die er vor der Einschränkung durch die Gesellschaft schützen will, für das kollektive Glück nützlich sind. Aus diesem Grund ist es für Mill nicht erforderlich, ein Kriterium zur Bestimmung der berechtigten Interessen des Individuums oder der Gesellschaft aufzustellen. Seine Forderung, daß die drei oben genannten Freiheiten des Individuums respektiert werden müssen, stützt sich nicht auf Annahmen über ein berechtigtes Interesse des Individuums, sondern auf die Behauptung, daß es für die Gesellschaft nicht schädlich, sondern im Gegenteil nützlich ist, diese Freiheiten zu beachten.

4.3 Liberalismus und Utilitarismus: Die Begründung des Freiheitsprinzips im Rahmen der utilitaristischen Ethik Mills

Dieser Abschnitt thematisiert die Verträglichkeit von Mills Liberalismus mit seinem Utilitarismus. Zuerst wird dargestellt, wie Mill die Nützlichkeit der oben genannten Freiheiten des Individuums für das kollektive Glück begründet. Anschließend wird auf die Diskussion über die Verträglichkeit von Mills Liberalismus und Utilitarismus eingegangen.

In seinem Aufsatz *Über die Freiheit* führt Mill lediglich für die Gewissens- und die Diskussionsfreiheit sowie für die Freiheit der persönlichen Lebensführung eine ausdrückliche Begründung ihres Nutzens für das kollektive Glück durch. Ein möglicher Grund dafür, daß er sich eine zusätzliche Nützlichkeitserwägung über die Vereinigungsfreiheit erspart, liegt darin, daß diese dritte Freiheit aus den anderen logisch folgen soll und damit durch deren Begründung bereits hinreichend abgesichert ist. (F 20)

Mills Überlegungen zur Nützlichkeit der Freiheiten des Individuums liegt die teleologische Voraussetzung zugrunde, daß es für die Menschheit ein Entwicklungsziel gibt, das verwirklicht werden soll. (Ebd. 63, 97 ff.) Dieses Ziel, das Mill in seinem Aufsatz *Über die Freiheit* nicht im einzelnen beschreibt, kann unter Heranziehung seines Utilitarismus dadurch näher bestimmt werden, daß in ihm das kollektive Glück maximiert ist. Dieses Entwicklungsziel dient Mill als Maßstab bei der Beurteilung der Freiheiten des Individuums. Aus diesem Grund beurteilt er diese Freiheiten danach, ob durch sie das kollektive Glück gefördert wird oder nicht. Eine weitere Voraussetzung, die im Zusammenhang mit Mills teleologischer Konzeption gesellschaftlicher Entwicklungen steht, ist die Auffassung, daß der Mensch nicht aufklärungsresistent, sondern durch Erziehung und Bildung prinzipiell verbesserungsfähig ist. Das Ziel des gesellschaftlichen Fortschritts ist für Mill daher keine bloße Utopie, sondern ein prinzipiell realisierbares Ideal.

Die Nützlichkeit der Gewissens- und Diskussionsfreiheit für das kollektive Glück wird von Mill im zweiten Kapitel des Aufsatzes *Über die Freiheit* thematisiert. Er führt zwei Gründe dafür an, daß diese Freiheit nicht eingeschränkt werden darf:

1. Zum einen vertritt Mill, wie bereits im Zusammenhang mit seiner theoretischen Philosophie dargestellt, grundsätzlich eine fallibilistische Position. (Ebd. 26 ff.) Danach ist es prinzipiell möglich, daß jede Theorie, auch wenn sie als gewiß betrachtet wird, falsch ist. Mill zufolge ist es nicht möglich zu wissen, daß eine Theorie wahr ist. Statt dessen soll der höchste Grad an Gewißheit in dem Wissen bestehen, daß eine Theorie bislang nicht widerlegt werden konnte:

»Unsere gesichertsten Überzeugungen haben keine verläßlichere Schutzwache als eine ständige Einladung an die ganze Welt, sie als unbegründet zu erweisen. Wenn diese die Herausforderung nicht annimmt oder, falls sie sie annimmt, der Angriff fehlschlägt, so sind wir noch von der Gewißheit weit entfernt, aber wir haben das Beste getan, was der gegebene Stand menschlicher Vernunft zuläßt: wir haben nichts außer acht gelassen, was der Wahrheit eine Chance geben konnte, uns zu erreichen ... Das ist der Betrag an Gewißheit, den ein fehlbares Wesen erreichen kann, und das der einzige Weg, ihn zu erlangen.« (Ebd. 32)

Mill lehnt demnach ebenso wie Popper die Möglichkeit der positiven Bestätigung der Wahrheit von Theorien ab: Die Wahrheit von Theorien kann nur negativ dadurch bestätigt werden, daß sie bislang allen Widerlegungsversuchen standgehalten haben. Aus dieser fallibilistischen Position leitet Mill die Forderung ab, daß es stets möglich sein muß, Theorien zu kritisieren und falsche Theorien durch besser begründete zu ersetzen. Diese Forderung, daß aufgrund des vorausgesetzten Fallibilismus alle Theorien als prinzipiell korrigierbar und revidierbar betrachtet und für Kritik offengehalten werden müssen, erstreckt sich natürlich auch auf politische Ansichten. Mill hebt ausdrücklich hervor, daß die »Wahrheit eines Gedankens ... Teil seines Nutzens« ist (ebd. 33) und lehnt damit die Auffassung ab, wonach falsche Ansichten unter Umständen für die Gesellschaft nützlicher als wahre Meinungen sein sollen. Die Gewissens- und Diskussionsfreiheit darf demnach aufgrund des umfassenden Fallibilismus Mills und aufgrund der Voraussetzung, daß nur wahres Wissen nützlich sein kann, nicht eingeschränkt werden.

2. Zum anderen darf laut Mill diese Freiheit nicht eingeschränkt werden, weil die Gesellschaft in jedem Fall davon profitiert, wenn deren gängige Meinungen kritisiert werden: a) Wenn sich eine Meinung im Zuge von Kritik als falsch herausstellt, besteht der Nutzen der Kritik darin, daß die falsche Meinung durch eine bessere ersetzt wird. (Ebd. 26 ff.) b) Wenn sich eine Meinung gegen die Kritik, die sich ihrerseits als falsch erweist, behaupten kann, dann besteht der Nutzen der Kritik darin, ein le-

bendiges Verständnis dieser Meinung aufrecht zu erhalten. Ein solches Verständnis schließt Mill zufolge das Wissen um mögliche Einwände und um deren Widerlegung ein. (Ebd. 49 ff.) c) Wenn sowohl die kritisierte Meinung als auch die Kritik weder vollständig wahr noch völlig falsch sind, dann besteht der Nutzen der Kritik darin, daß sich beide zum Vorteil gegenseitig korrigieren können. (Ebd. 63 ff.) Im Anschluß an seine Begründungen formuliert Mill zusammenfassend:

»Wir haben nun also erkannt, daß für das geistige Wohlbefinden der Menschheit (wovon alle andere Wohlfahrt abhängt) die Freiheit der Meinung und die Freiheit, diese auch auszudrücken, notwendig ist ...« (Ebd. 72)

Beide Gründe, die Mill zur Verteidigung der Gewissens- und Diskussionsfreiheit vorbringt, beziehen sich damit auf die Nützlichkeit dieser Freiheit für das kollektive Glück. Analog zu dieser Begründung rechtfertigt Mill im dritten Kapitel des Aufsatzes *Über die Freiheit* die Nützlichkeit der Freiheit der persönlichen Lebensführung für das kollektive Glück durch die beiden folgenden Gründe:

1. Einerseits nimmt Mill wiederum auf seinen Fallibilismus und zusätzlich auf seine hedonistische Position Bezug. Demnach darf die Gesellschaft nicht die Freiheit der persönlichen Lebensführung beschränken und in den persönlichen Bereich des Individuums eingreifen, um es zum Beispiel zu einem glücklicheren Leben zu erziehen, weil die Gesellschaft sich prinzipiell darüber im Irrtum befinden kann, was es für das einzelne Individuum bedeutet, ein glückliches Leben zu führen.

»Die Einmischung der Gesellschaft in der Absicht, Urteil und Vorhaben des Betreffenden in privaten Angelegenheiten zu beherrschen, muß sich auf allgemeine Annahmen stützen, die ganz falsch sein können ... In diesem Bereich der menschlichen Angelegenheiten befindet sich daher der Individualismus auf seinem eigensten Gebiet.« (Ebd. 105; vgl. 93 f., 115 f.)

Das Individuum kann sich in der Einschätzung seines individuellen Glücks zwar ebenfalls prinzipiell irren, aber laut Mill soll die Wahrscheinlichkeit eines solchen Irrtums geringer sein als die Wahrscheinlichkeit, daß die Gesellschaft sich in diesem Punkt irrt. Es muß daher jedem Individuum erlaubt sein ein Leben zu führen, in dem es ohne Beschränkungen von Seiten der Gesellschaft seine individuellen Glücksvorstellungen realisieren kann, solange dabei nicht andere Personen in Mitleidenschaft gezogen werden.

2. Andererseits bezieht sich Mill zur Verteidigung der Freiheit der persönlichen Lebensführung auf deren Nutzen für den gesellschaftlichen Fortschritt. Mill zufolge ist ein solcher Fortschritt nur möglich, wenn allen Personen die Gelegenheit gegeben wird, unbeeinträchtigt von der Gesellschaft verschiedene Weisen der Lebensführung auszuprobieren und mit verschiedenen Lebensformen zu experimentieren.

»So, wie es nützlich ist, daß es Meinungsverschiedenheiten gibt, solange die Menschen unvollkommen sind, so ist es ebenso vorteilhaft, daß man den verschiedenen Charaktereigenschaften Spielraum läßt ohne Schaden für andere und daß man den Wert verschiedener Lebensarten praktisch ausprobiert, wenn irgend jemand es für richtig hält, sie zu versuchen ... Wo nicht der eigene Charakter, sondern Tradition oder Sitten anderer Leute die Lebensregeln aufstellen, da fehlt es an einem der hauptsächlichsten Bestandteile des menschlichen Glücks, ja dem wichtigsten Bestandteil individuellen und sozialen Fortschritts.« (Ebd. 78)

Die Freiheit der persönlichen Lebensführung wird von Mill damit als eine notwendige Voraussetzung dafür betrachtet, daß sich überdurchschnittlich begabte Individuen entwickeln, ihre Pläne realisieren und auf diese Weise zum gesellschaftlichen Fortschritt beitragen können. (Ebd. 88 ff.) Der gesellschaftliche Fortschritt kommt laut Mill zum Erliegen, wenn die Möglichkeit zu solchen Experimenten genommen wird. Da er der Meinung ist, daß diese Freiheit von der Gesellschaft bedroht ist, warnt er unter Verweis auf die chinesische Gesellschaft, die für ihn das Paradigma gesellschaftlicher Stagnation ist, vor den Folgen der Einschränkung dieser Freiheit. (Ebd. 100)

Im Zuge der Darstellung von Mills Begründung der Gewissens- und Diskussionsfreiheit, sowie der Freiheit der persönlichen Lebensführung ist deutlich geworden, daß Mill dabei in zwei Hinsichten auf seinen Utilitarismus und den damit verbundenen Hedonismus Bezug nimmt: Erstens legt er seinen Überlegungen die hedonistische Auffassung zugrunde, daß alle Menschen ihr individuelles Glück als Lust erstreben. Dieses Glücksstreben darf von der Gesellschaft nicht behindert werden, solange keine anderen Personen in Mitleidenschaft gezogen werden. Zweitens geht Mill davon aus, daß das Entwicklungsziel der Menschheit in der Maximierung des kollektiven Glücks besteht und daß aus diesem Grund die Freiheiten des Individuums danach beurteilt werden müssen, ob sie dem gesellschaftlichen Fortschritt zu diesem Ziel nützlich sind. Auf diese Weise bemüht er sich darum, den Anspruch einzulösen, sein Freiheitsprinzip und die genannten Freiheiten im Rahmen seines Utilitarismus zu begründen.

Die Frage, ob es Mill tatsächlich gelungen ist, diesen Anspruch einzulösen, wird in der Literatur kontrovers diskutiert. Einige Kritiker Mills, zu denen beispielsweise James Fitzjames Stephen, Isaiah Berlin und Gertrude Himmelfarb zählen, behaupten, daß Mill insbesondere in seinem Aufsatz *Über die Freiheit* eine eklektische und inkonsistente Position vertritt, die das Resultat seiner Auseinandersetzung mit dem Utilitarismus Benthams sein soll.[92] Berlin und Himmelfarb zufolge erkannte Mill zwar die Probleme, die mit Benthams Utilitarismus verbunden sind, und entwickelte auch einige Lösungen für diese Probleme, aber es soll Mill nicht gelungen sein, sich von den Auffassungen Benthams vollständig zu emanzipieren. Demnach erhebt Mill in *Über die Freiheit* zwar den Anspruch, seinen Liberalismus durch seinen Utilitarismus zu begründen. Aber es gelingt ihm nicht, diesen Anspruch einzulösen, weil seinem Liberalismus eine Auffassung vom Individuum und dessen Freiheiten zugrunde liegt, die nicht nur vom Utilitarismus unabhängig, sondern mit ihm unvereinbar ist.

Himmelfarb bezieht sich mit der These, daß Mills Liberalismus und Utilitarismus miteinander unvereinbar sind, hauptsächlich darauf, daß Mill behauptet, mit seinem Freiheitsprinzip alle Fragen beantworten zu können, die das Verhältnis der Gesellschaft zum Individuum betreffen. Damit erlangt das Freiheitsprinzip laut Himmelfarb einen Status, der dem des Nützlichkeitsprinzips entspricht. Beide Prinzipien werden von Mill als »oberste Grundsätze« betrachtet, die weder auseinander hergeleitet werden können, noch miteinander vereinbar sind. Himmelfarb zufolge wird dieser Konflikt von Mill nicht aufgelöst, sondern bleibt als Problem bestehen. Allerdings spricht gegen Himmelfarbs Interpretation, daß sich der Anspruch, den Mill mit dem Freiheitsprinzip verbindet, auf dessen Anwendung und nicht auf dessen Herleitung bezieht. Mill beansprucht zwar, mit Hilfe des Freiheitsprinzips alle Fragen bezüglich des Verhältnisses der Gesellschaft zum Individuum beantworten zu können, aber diese Behauptung impliziert entgegen der Interpretation von Himmelfarb nicht, daß das Freiheitsprinzip als ein oberster Grundsatz angesehen werden muß, der durch keine andere Behauptung begründet werden kann.

Berlin argumentiert für die These, daß für Mill die Freiheit des Individuums nicht nur einen instrumentellen Wert bezüglich der Realisierung des kollektiven Glücks besitzt, sondern auch unabhängig von diesem Zweck einen eigenen Wert darstellt. Er begründet diese Interpretation dadurch, daß Mill es unter gar keinen Umständen zulassen würde, die Freiheiten des Individuums einzuschränken, selbst wenn dies für das kollektive Glück nützlich wäre. Aus diesem

Grund scheitert Berlin zufolge der Versuch Mills, das Freiheitsprinzip mit Hilfe utilitaristischer Argumente zu begründen.

John Gray beispielsweise verteidigt Mills Anspruch, das Freiheitsprinzip im Rahmen seines Utilitarismus zu begründen, gegen den Einwand von Berlin, indem er argumentiert, daß sich Mills hohe Wertschätzung der Freiheit des Individuums aus seinem Hedonismus ergibt.[93] Demnach wird der Freiheit des Individuums von Mill ein hoher Wert beigemessen, weil er das Streben nach dem individuellen Glück beziehungsweise das Bemühen um die Realisierung der eigenen Individualität zum Streben nach qualitativ hochwertiger Lust rechnet, die er in *Der Utilitarismus* von qualitativ minderwertigerer Lust wie zum Beispiel der Lust am Essen unterscheidet. (U 15 ff.) Das Streben nach dem individuellen Glück wird Gray zufolge von Mill aus dem Grund qualitativ hoch bewertet, weil es neben der Einsicht in die eigene Individualität das Vermögen der rationalen Wahl voraussetzt.

Abschließend kann festgehalten werden, daß sich Mills Liberalismus einerseits durch die vorausschauende Einsicht auszeichnet, daß die Freiheit des Individuums in modernen Gesellschaften durch die politische und soziale »Tyrannei der Mehrheit« gefährdet ist. Andererseits hat sich gezeigt, daß Mills Versuch, den Liberalismus auf der Grundlage seines Utilitarismus zu begründen, in mehrfacher Hinsicht problematisch ist. Erstens ist Mills Begründung der Nützlichkeit der Freiheiten des Individuums für das kollektive Glück nicht überzeugend, weil er den Begriff des kollektiven Glücks nicht hinreichend präzisiert. Zweitens bleibt aufgrund der Unbestimmtheit dieses Begriffs unklar, ob es nicht unter Umständen für das kollektive Glück nützlicher ist, wenn die Freiheit des Individuums in drastischer Weise beschränkt wird. Das heißt, Mill hat nicht ausreichend begründet, daß das Freiheits- und das Nützlichkeitsprinzip stets miteinander harmonieren. Aus diesem Grund kann er den Einwand nicht widerlegen, daß es Konflikte zwischen diesen beiden Prinzipien geben kann und daß man sich im Falle eines solchen Konflikts zugunsten des Nützlichkeitsprinzips entscheiden und die Freiheit des Individuums einschränken muß.

5. Schlußbemerkung

In dieser Einführung wurde verdeutlicht, daß für das philosophische Denken von John Stuart Mill die folgenden drei Fragestellungen zentral sind: 1) Die Hauptfragestellung seiner theoretischen Philosophie ist das Induktionsproblem, das sich für Mill aus einem Methodenproblem und einem Begründungsproblem zusammensetzt. Das Methodenproblem liegt darin, Methoden zu finden, anhand derer induktive Schlüsse geprüft und angeleitet werden können. Das Begründungsproblem besteht in der Frage, auf welche Weise die von den induktiven Methoden vorausgesetzte ontologische Uniformitätsannahme, der zufolge alle empirischen Phänomene nach uniformen kausalen Gesetzen auftreten, begründet werden kann. 2) Im Mittelpunkt der praktischen Philosophie Mills steht die Frage nach einem Kriterium zur Beurteilung des moralischen Wertes von Handlungen und Handlungsregeln. 3) Die zentrale Fragestellung seiner politischen Philosophie besteht in der Frage nach der Grenze der rechtmäßigen politischen und sozialen Machtausübung der Gesellschaft über das Individuum.

Im Zuge der Beschäftigung mit diesen drei Fragestellungen wird Mill von dem theoretischen Motiv geleitet, diese Probleme im Rahmen empiristischer und naturalistischer Ansätze zu lösen. Zum einen vertritt Mill die empiristische Position, daß alles Wissen aus der Erfahrung stammt und nur mit Bezug auf Erfahrung begründet werden kann. Er lehnt daher die Möglichkeit apriorischen Wissens über die Wirklichkeit ab. Zum anderen kann seine Position mit Bezug auf die naturalistische Erkenntnistheorie von Quine als Naturalismus bezeichnet werden, weil Mill in Übereinstimmung mit Quine sowohl die Möglichkeit radikaler Skepsis hinsichtlich unseres Erkenntnisvermögens bestreitet als auch die universelle Erklärungskompetenz der Naturwissenschaft behauptet.

Im Rahmen seiner theoretischen Philosophie äußert sich das genannte theoretische Motiv erstens darin, daß Mill eine naturalistische Konzeption von Wissenschaft vertritt, der zufolge nicht nur die Naturwissenschaften wie Physik und Chemie, sondern auch die Formalwissenschaften wie Arithmetik, Geometrie und Logik empirische Wissenschaften sein sollen. Diese Konzeption ist zum einen problematisch, weil nicht ohne weiteres plausibel gemacht werden kann, worin zum Beispiel der empirische Gehalt der Arithmetik bestehen soll. Zum anderen führt Mills naturalistische Konzeption von Wissenschaft zu Schwierigkeiten, weil sie seiner These zugrunde liegt, daß die Logik eine empirische Teildisziplin der Psychologie ist. Zwar lehnt Mill ein psychologistisches Logikverständnis ausdrücklich ab, aber die Frage, ob seinen Überlegungen nicht dennoch ein solches Logikverständnis zugrunde liegt, ist ein offenes Problem.

Zweitens kommt Mills theoretisches Motiv, die obigen Fragen im Rahmen empiristischer und naturalistischer Ansätze zu beantworten, in seiner theoretischen Philosophie darin zum Ausdruck, daß er die Möglichkeit radikaler Skepsis bezüglich der allgemeinen Gültigkeit induktiven Schließens ablehnt. Aus diesem Grund geht es ihm im Unterschied zu Hume nicht darum, die allgemeine Gültigkeit der Induktion gegen erkenntnistheoretische Skepsis zu verteidigen, sondern Mill geht davon aus, daß induktive Schlüsse in dem Sinne allgemein gültig sind, daß sie in den meisten Fällen von wahren Prämissen zu wahren Konklusionen führen, obwohl sie gehaltserweiternd und damit nicht wahrheitskonservierend sind. Auf der Grundlage dieser Voraussetzung stellt Mill die Frage nach den Methoden zur Prüfung und Anleitung induktiver Schlüsse und nach den Annahmen, die den induktiven Methoden zugrunde liegen.

Drittens hat Mills Bemühen um empiristische und naturalistische Konzeptionen im Rahmen seiner theoretischen Philosophie zur Folge, daß er die den induktiven Methoden zugrunde liegende Uniformitätsannahme als empirische Behauptung betrachet, die ihrerseits mithilfe induktiver Schlüsse hergeleitet wird. Um zu vermeiden, daß der Uniformitätsannahme induktive Schlüsse zugrunde liegen, die ihrerseits diese Annahme zur Voraussetzung haben, unterscheidet Mill zwischen der enumerativen und der wissenschaftlichen Induktion. Da Mill zufolge die Uniformitätsannahme ausschließlich von der durch die induktiven Methoden geprüften und angeleiteten wissenschaftlichen Induktion vorausgesetzt wird, kann die Uniformitätsannahme durch enumerative Induktion gewonnen werden, ohne daß dabei die Uniformitätsannahme bereits zugrunde gelegt wird. Weil Mill seine Fragestellung hinsichtlich der allgemeinen Gültigkeit induktiven Schließens häufig nicht mit ausreichender Deutlichkeit von der Fragestellung Humes abgrenzt, ist gegen seine Überlegungen zu den Voraussetzungen der wissenschaftlichen Induktion wiederholt zu Unrecht der Vorwurf erhoben worden, daß Mills Konzeption zirkulär ist, weil er zur Begründung der allgemeinen Gültigkeit induktiven Schließens die Uniformitätsannahme heranzieht, die ihrerseits auf Induktion beruht. Aber auch wenn dieser Zirkelvorwurf als nicht gerechtfertigt zurückgewiesen werden kann, sind Mills Überlegungen zum Induktionsproblem nicht ohne Schwierigkeiten, da sich weiterhin die Frage stellt, ob ein derart unsicheres Verfahren wie die methodisch nicht kontrollierte enumerative Induktion überhaupt geeignet ist, als Grundlage für Mills Methodologie und deren Begründung zu fungieren.

In der praktischen Philosophie Mills kommt das oben genannte theoretische Motiv hauptsächlich dadurch zum Ausdruck, daß er auf der Grundlage seiner naturalistischen Konzeption von Wissenschaft seine utilitaristische Ethik mit dem Anspruch aufstellt, daß sie als Wissenschaft den Status einer empirischen Theorie besitzt. Aus diesem Grund rechtfertigt er das Nützlichkeitsprinzip, dem zufolge sich der moralische Wert von Handlungen und Handlungsregeln nach deren Nutzen für das kollektive Glück richtet, indem er sich dazu auf die empirische Feststellung bezieht, daß Menschen nach Glück beziehungsweise Lust streben. Diese Begründung Mills ist problematisch. Zwar trifft der erstmals von Moore formulierte Einwand nicht zu, daß Mill einen naturalistischen Fehlschluß begeht, indem er vorgibt, aus deskriptiven Aussagen normative Aussagen herzuleiten. Denn Mill verweist wiederholt darauf, daß er mit seiner Begründung nicht den Anspruch der deduktiven Herleitung, sondern lediglich der Plausibilisierung des Nützlichkeitsprinzips vertritt. Aber auch wenn es gelingt, Mills Argumentation vor dem Vorwurf des naturalistischen Fehlschlusses in Schutz zu nehmen, bleibt die Frage offen, ob im Rahmen seines Ansatzes überhaupt eine leistungsfähige Rechtfertigung oder Plausibilisierung des Nützlichkeitsprinzips bereitgestellt werden kann. Da Mill den Anspruch vertritt, sein Freiheitsprinzip, anhand dessen der Rahmen der rechtmäßigen politischen und sozialen Machtausübung der Gesellschaft über das Individuum bestimmt werden soll, mit seiner utilitaristischen Ethik begründen zu können, überträgt sich dieses Problem auch auf Mills politische Philosophie.

Die aufgeführten theoretischen Probleme sind sicher nicht die einzigen Schwierigkeiten, die mit Mills Konzeptionen verbunden sind. Aber diese Probleme sind besonders interessant, weil es sich bei ihnen um Schwierigkeiten handelt, die für empiristische und naturalistische Ansätze charakteristisch sind. Aus diesem Grund lohnt sich die Beschäftigung mit der Philosophie Mills nicht nur deshalb, weil er mit seiner Theorie der Begriffs- und Aussagenbedeutung, seinen Überlegungen zum deduktiv-nomologischen Erklärungsbegriff, zur Methodologie der Induktion und zur naturalistischen Konzeption von Wissenschaft sowie mit seiner utilitaristischen Theorie des Nützlichkeitsprinzips und seiner liberalistischen Auffassung der politischen und sozialen Freiheit von Personen wichtige Konzeptionen entwickelt, die vielen in der Gegenwart stattfindenden philosophischen Diskussionen zugrunde liegen. Statt dessen ist die Beschäftigung mit dem Denken Mills darüber hinaus auch deshalb lohnenswert, weil man etwas über die Probleme erfährt, die mit empiristischen und naturalistischen Positionen in der Philosophie verbunden sind.

Glossar

AUSSAGEN, verbale und wirkliche → vgl. S. 41 ff.
Mill unterscheidet zwischen verbalen und wirklichen Aussagen, die er auch als essentielle und akzidentelle Aussagen bezeichnet, anhand des folgenden Kriteriums: Eine Aussage ist genau dann eine verbale Aussage, wenn das Prädikat (mindestens) eine Eigenschaft konnotiert, die ebenfalls vom Subjekt konnotiert wird. Im Unterschied zu verbalen Aussagen, die lediglich Information über die Definition von Begriffen enthalten, sind allein wirkliche Aussagen dazu in der Lage, Information über die Wirklichkeit zu vermitteln.

BEGRIFFE, allgemeine und singuläre → vgl. S. 31
Allgemeine und singuläre Begriffe unterscheiden sich hinsichtlich ihres Begriffsumfangs. Während allgemeine Begriffe wie Prädikate eine unbestimmt große Anzahl von Objekten bezeichnen, denen mindestens eine Eigenschaft gemeinsam ist, beziehen sich singuläre Begriffe wie Individuenkonstanten auf genau ein Objekt.

BEGRIFFE, konkrete und abstrakte → vgl. S. 32 f.
Konkrete und abstrakte Begriffe unterscheiden sich darin, welchen Typ von Entität sie bezeichnen. Im Unterschied zu konkreten Begriffen, die ausschließlich Dinge repräsentieren, beziehen sich abstrakte Begriffe ausschließlich auf Eigenschaften.

BEGRIFFE, konnotative und nicht-konnotative → vgl. S. 32 ff.
Unter konnotativen Begriffen versteht Mill Prädikate und Kennzeichnungsterme. Sie verfügen wie zum Beispiel der Begriff »Mensch« über Konnotation und Denotation, wobei die Denotation (in diesem Fall: alle Menschen) durch die Konnotation (in diesem Fall: Rationalität, Zweibeinigkeit, etc.) festgelegt wird. Ebenso wird beispielsweise bei dem Kennzeichnungsterm »der einzige Sohn von John Stiles« die Denotation durch die Konnotation be-

stimmt. Im Unterschied dazu verfügen nicht-konnotative Begriffe wie Eigennamen nur über Denotation, die durch sprachliche Konventionen festgelegt wird. Ausschließlich konnotative Begriffe können Informationen vermitteln und besitzen Bedeutung.

BEGRÜNDUNGSREGELN → vgl. S. 85, 86 ff.

Begründungsregeln werden dazu verwendet, die Korrektheit deduktiver und induktiver Schlüsse zu überprüfen. Die Behauptung, daß bestimmte Schlüsse korrekt sind, kann nur dadurch begründet werden, daß sie bestimmte Begründungsregeln erfüllen. Im Unterschied dazu dienen Entdeckungsregeln zum regelgeleiteten Auffinden neuer Aussagen. Sie besitzen daher keine überprüfende, sondern eine heuristische Funktion. Mill versteht sowohl die Regeln für das deduktive Schließen als auch seine Methoden der Induktion primär als Begründungsregeln.

DEDUKTION → vgl. S. 59, S. 62 ff., 67 ff.

DENOTATION → vgl. S. 33 ff.

Als Denotation bezeichnet Mill den Umfang von Begriffen. Zur Denotation gehören alle Objekte, die ein Begriff denotiert. Siehe auch → KONNOTATION

DURCHSCHNITTSNUTZENUTILITARISMUS → vgl. S. 111 f.

EMPIRISMUS → vgl. S. 10, 58 ff., 157

ENTDECKUNGSREGELN → vgl. BEGRÜNDUNGSREGELN

ERKLÄRUNG, deduktiv nomologische → vgl. S. 80

EUDAIMONISMUS → vgl. S. 113 f.

FEHLSCHLUSS, naturalistischer → vgl. S. 115 f.

FREIHEITSPRINZIP → vgl. S. 12 f., 133, 139

Das Freiheitsprinzip wird von Mill aufgestellt, um die Grenze der rechtmäßigen Machtausübung der Gesellschaft über das Individuum zu bestimmen. Danach darf die Freiheit von Personen nur unter der Bedingung eingeschränkt werden, daß dies zum Selbstschutz der Gesellschaft beziehungsweise zum Schutz anderer Personen geschieht. Mill stellt das Freiheitsprinzip auf, um die Freiheit des Individuums vor der Gesellschaft zu schützen.

GESELLSCHAFTSVERTRAG → vgl. S. 134

HANDLUNGSUTILITARISMUS → vgl. S. 110 f.

HEDONISMUS, ethischer und psychologischer → vgl. S. 114

HEDONISMUS, subjektiver und objektiver → vgl. S. 114

INDUKTION → vgl. S. 59 f., 67 ff., 71 f., 81

1) Mill unterscheidet zum einen zwischen der Induktion als Schluß »vom Besonderen auf das Allgemeine« und als Schluß »vom Be-

sonderen auf das Besondere«. Bei der Induktion des ersten Typs wird ausgehend von singulären Aussagen auf eine allgemeine Aussage beziehungsweise von allgemeinen Aussagen auf eine Aussage mit einem größeren Allgemeinheitsgrad geschlossen. Bei der Induktion des zweiten Typs bestehen sowohl die Prämissen als auch die induktive Konklusion aus singulären Aussagen. Diese Induktion wird in dieser Einführung als »direkte Induktion« bezeichnet.

2) Zum anderen unterscheidet er zwischen der *wissenschaftlichen* und der *enumerativen* Induktion anhand des Kriteriums, ob sie durch Methoden angeleitet und geprüft wird oder nicht. Im Unterschied zur enumerativen Induktion, die nicht methodisch kontrolliert wird, wird die wissenschaftliche Induktion durch Methoden angeleitet und geprüft.

KENNZEICHNUNGEN → vgl. S. 34 f.

KONNOTATION → vgl. S. 33, 35 ff.

Unter Konnotation versteht Mill den Inhalt von Begriffen. Zur Konnotation eines Begriffs gehören alle Eigenschaften, die ein Begriff konnotiert. Zum Beispiel konnotiert der Begriff »Mensch« die Eigenschaften »Rationalität«, »Zweibeinigkeit«, »Sterblichkeit«, etc. Die Konnotation eines Begriffs bestimmt dessen Denotation. Das heißt, daß ein Begriff nur diejenigen Objekte denotieren kann, die über die konnotierten Eigenschaften verfügen. Hingegen wird die Konnotation nicht von der Denotation bestimmt.

LIBERALISMUS, ökonomischer → vgl. S. 135

LIBERALISMUS, politischer → vgl. S. 134 f.

METHODEN, induktive → vgl. S. 88 ff.

NATURALISMUS, in der theoretischen Philosophie → vgl. S. 11, 73 ff., 102, 105, 158 f.

NATURALISMUS, in der praktischen Philosophie → vgl. S. 104

NATURRECHT → vgl. S. 134, 147

NÜTZLICHKEITSPRINZIP → vgl. S. 103, 104 f., 106 ff.

Das Nützlichkeitsprinzip wird von Mill als Kriterium zur Beurteilung des moralischen Wertes von Handlungen und Handlungsregeln aufgestellt. Mill bezeichnet dieses Prinzip als »Maßstab für Recht und Unrecht« im moralischen Sinne und als »Norm der Moral«. (U 5, 21) Gemäß dem Nützlichkeitsprinzip muß der moralische Wert von Handlungen und Handlungsregeln danach beurteilt werden, ob sie für das kollektive Glück nützlich sind oder nicht.

NUTZENSUMMENUTILITARISMUS → vgl. S. 111 f.

PSYCHOLOGISMUS → vgl. S. 18, 24 ff.

Als psychologistisch wird ein Logikverständnis bezeichnet, dem zufolge psychologische Fragestellungen und Konzeptionen zur Logik gehören. Mill wendet sich zwar gegen psychologistische Logikkonzeptionen, aber weil er die Logik als Teildisziplin der Psychologie betrachtet, wird die Frage kontrovers diskutiert, ob Mill nicht selber eine psychologistische Logikkonzeption vertritt.

REGELUTILITARISMUS → vgl. S. 110 f.

RECHTSPFLICHTEN → vgl. S. 171, Anm. 59

SCHLÜSSE, scheinbare und wirkliche → vgl. S. 58 f., 60

Mill unterscheidet scheinbare und wirkliche Schlüsse anhand des Kriteriums, ob das Wissen von der Konklusion bereits im Wissen von den Prämissen enthalten ist. Bei wirklichen Schlüssen ist das Wissen von der Konklusion nicht im Wissen von den Prämissen enthalten. Sie führen daher zu neuem Wissen. Im Unterschied dazu wird bei scheinbaren Schlüssen das Wissen von der Konklusion bereits mit dem Wissen von den Prämissen vorausgesetzt. Laut Mill sind nur induktive Schlüsse wirkliche Schlüsse. Alles Wissen beruht daher auf Induktion.

SYLLOGISMUS → vgl. S. 59

TUGENDPFLICHTEN → vgl. S. 171, Anm. 59

UNIFORMITÄTSANNAHME → vgl. S. 15, 82 ff., 85

Die Uniformitätsannahme ist die ontologische Behauptung, daß alle empirischen Phänomene nach uniformen kausalen Gesetzen auftreten. Sie liegt den Methoden zur Kontrolle induktiven Schließens zugrunde und wird mit Hilfe der enumerativen Induktion begründet.

UTILITARISMUS → vgl. S. 103 ff.

WISSEN, inferentielles und nicht-inferentielles → vgl. S. 23 f.

WISSENSCHAFT, experimentelle und deduktive → vgl. S. 78 f.

Anmerkungen

1 J.S. Mill, »Coleridge«. In: *Collected Works of John Stuart Mill*, J.M. Robson (Hg.), London/Toronto 1969, Bd. X, S. 125.

2 W.v.O. Quine, »Naturalisierte Erkenntnistheorie«. In: *Ontologische Relativität und andere Schriften*, Stuttgart 1975, S. 97-126.

3 Die Überlegungen zum Erklärungsbegriff in den Geisteswissenschaften finden sich im sechsten Buch des *Systems der Logik*. Mill vertritt die Auffassung, daß menschliche Handlungen durch Intentionen und Motive kausal erklärt werden können. Der Erklärungsbegriff der Geisteswissenschaften unterscheidet sich daher nicht von dem der Naturwissenschaften.

4 C.S. Peirce, »Harvard-Lectures«; ders., »Lowell-Lectures«. In: *Writings of Charles S. Peirce. A Chronological Edition*, M.H. Fisch et al. (Hg.), Indianapolis 1982, Bd. I, S. 164 ff., 215 ff., 361 f., 408 ff.; E. Husserl, »Logische Untersuchungen«. In: *Edmund Husserl. Gesammelte Werke. Husserliana*, E. Holenstein (Hg.), Den Haag 1975, Bd. XVIII, S. 64.

5 Präskriptive Aussagen unterscheiden sich von deskriptiven Aussagen darin, daß sie nicht Beschreibungen, sondern Vorschriften enthalten. Logische Gesetze und Schlußregeln sind präskriptive Aussagen, da sie Vorschriften darstellen, die beachtet werden müssen, wenn man logisch korrekt schließen will.

6 Allerdings wird diese Behauptung von Mill mit Bezug auf die von ihm entwickelte induktive Methodologie eingeschränkt. Demnach dienen deren Regeln zwar primär dazu, die Korrektheit von Induktionen zu überprüfen, daneben sollen sie aber zusätzlich die Funktion besitzen, die Durchführung von Induktionen methodisch anzuleiten.

7 W.R. De Jong, *The Semantics of John Stuart Mill,* Dordrecht/
    Boston/London 1982, S. xiv.

8 F. Bacon, *Das neue Organon,* M. Buhr (Hg.), Berlin 1962.

9 J. Locke, *Versuch über den menschlichen Verstand,* R. Brandt
    (Hg.), Hamburg 1981.

10 Peirce (Anm. 4) S. 164 ff., 215 ff., 361 f., 408 ff., Husserl (Anm.
    4) S. 64; E. Husserl, »Formale und transzendentale Logik«. In:
    Edmund Husserl. Gesammelte Werke. Husserliana, P. Janssen
    (Hg.), Den Haag 1974, Bd. XVII, S. 162.

11 G. Frege, *Die Grundlagen der Arithmetik,* C. Thiel (Hg.),
    Hamburg 1988, S. 8, 26, 36, 38, 42, 46.

12 J. Richards, »Boole and Mill: Differing Perspectives on Logical
    Psychologism«. In: *History and Philosophy of Logic,* Vol. 1
    (1980).

13 Husserl (Anm. 10), S. 162.

14 Richards (Anm. 12).

15 Neben G. Scarre vertreten zum Beispiel auch J. Skorupski und
    McRae die Auffassung, daß Mill keine psychologistische Logik-
    konzeption vertritt. Siehe R.F. McRae, »Introduction«. In:
    Collected Works of John Stuart Mill, J.M. Robson (Hg.), Lon-
    don/Toronto 1973, Bd. VII, S. xxxix-xliv; G. Scarre, *Logic and
    Reality in the Philosophy of John Stuart Mill,* Dordrecht/Bo-
    ston/London 1989, S. 110-125; J. Skorupski, *John Stuart Mill,*
    London/New York 1989, S. 164-166.

16 Scarre 1989, (Anm. 15), S. 114.

17 Siehe dazu auch Skorupski (Anm. 15), S. 49, 78 f.

18 Mill bezieht sich bei der Einführung der Begriffe »Denotation«
    und »Konnotation« auf die Verwendungsweise der Begriffe
    »notare« (bezeichnen) und »connotare« (mit-bezeichnen) in der
    scholastischen Logik, um damit seine eigene Terminologie zu
    plausibilisieren (SL 31). Auf inhaltliche Abhängigkeiten von
    scholastischen Konzeptionen des Konnotierens weist Mill je-
    denfalls nicht ausdrücklich hin. Weitere Informationen darüber,
    auf welche Traditionen Mill mit seiner Bedeutungstheorie Be-
    zug nimmt, finden sich in De Jong (Anm. 7).

19 B. Russell, »Über das Kennzeichnen«. In: *Philosophische und
    politische Aufsätze,* U. Steinvorth (Hg.), Stuttgart 1971, S. 3-22.

20 Mit Bezugnahme auf den mathematischen Funktionsbegriff
    entwickelte Frege 1879 in der *Begriffsschrift* eine Theorie der
    Aussage, der zufolge elementare Aussagen aus einer Funktion

(Prädikator) und einem Argument (Nominator) bestehen. Vgl. G. Frege, *Begriffsschrift. Eine der arithmetischen nachgebildete Formelsprache des reinen Denkens,* Halle 1879, repr. Darmstadt/Hildesheim 1964.

21 Mill unterscheidet zwischen einfachen und komplexen Aussagen. Während einfache Aussagen aus einem Subjekt, einem Prädikat und der Kopula bestehen, setzen sich komplexe Aussagen aus einfachen Aussagen zusammen. (SL 81-84)

22 Mill verwendet das Wort »name« zur Beschreibung des Subjekts und des Prädikates. Neben Individuenkonstanten wie zum Beispiel Eigennamen bezeichnet Mill daher ebenfalls generelle Termini wie Prädikate als »names«. Im folgenden wird »name« als »Begriff« übersetzt.

23 Skorupski (Anm. 15), S. 61 ff.

24 Ebenda, S. 64 f.

25 G. Frege, »Über Sinn und Bedeutung«. In: *Funktion, Begriff, Bedeutung. Fünf logische Studien,* G. Patzig (Hg.), Göttingen 1962, S. 40-65.

26 I. Kant, »Kritik der reinen Vernunft«. In: *Kants Werke,* Bd. III, Berlin 1904, S. 33 (A 6-7/B 10).

27 Ebenda, S. 142 (A 151/B 190-191).

28 Mill übernimmt die These von der Relativität menschlichen Wissens aus der folgenden Monographie Hamiltons: W. Hamilton, *Lectures on Metaphysics,* Edinburgh/London, 3. Aufl. 1865, Bd. I, S. 136. Zu Mills Interpretation von Hamiltons These siehe auch Scarre (Anm. 15), S. 154 ff.

29 Kant (Anm. 26), S. 16 (B XXVI), 55 ff. (B 42/A 26 ff.), 209 ff. (B 306 ff.).

30 Ebenda, S. 70 (B 69).

31 Eine solche Einschränkung wird von Mill bezüglich Eigenschaften nicht formuliert: Aussagen über Eigenschaften können demnach auch unter Voraussetzung der Existenz von Noumena vollständig in Aussagen über Sinneseindrücke übersetzt werden.

32 Siehe dazu auch Scarre (Anm. 15), S. 176 ff.

33 Mill bezeichnet diese Differenz als den Unterschied zwischen »real inferences« und »apparent inferences« (SL 158-160, 162).

34 Während beispielsweise Scarre (Anm. 15, Kapitel II: Problems about Proof and Implication) die Interpretation vertritt, daß Mill deduktives Schließen als scheinbares Schließen betrachtet, wird

die entgegengesetzte Interpretation beispielsweise von den folgenden Autoren behauptet: Skorupski (Anm. 15, Kapitel 4: The Justification of Induction); J. Woods und D. Walton, »Is the Syllogism a Petitio Principii?«. In: *The Mill News Letter*, Vol. 10, (1975).

35 Skorupski (Anm. 15), S. 99.

36 Es sind hauptsächlich die beiden folgenden Gründe, die gegen die genannte Interpretation sprechen: 1) Mill weist wiederholt ausdrücklich darauf hin, daß das induktive Schließen »vom Besonderen auf das Besondere« die einzige Form wirklichen Schließens ist (SL 193, 202-203, 212-213). 2) Skorupski sieht sich im Zuge seiner Interpretation dazu genötigt, Mill eine wenig plausible Verwechslung hinsichtlich seiner Beweisabsichten zuzuschreiben: Demnach hat Mill eigentlich die Absicht, die Funktion allgemeiner Aussagen beim syllogistischen Schließen zu untersuchen und dafür zu argumentieren, daß allgemeine Aussagen dabei sowohl in erkenntnistheoretischer als auch in psychologischer Hinsicht entbehrlich sind. Diese Überlegung stellt Mill Skorupski zufolge aber irrtümlich als eine Argumentation für die These dar, daß jeder Syllogismus qua Argument eine petitio principii enthält und damit ein scheinbarer Schluß ist. Vgl. Skorupski (Anm. 15), S. 105-121.

37 Diese Interpretation wird beispielsweise auch von Scarre und Russell vertreten, wobei sich bei Scarre ebenso wie bei Skorupski, eine detaillierte Analyse der petitio principii-Problematik findet: Scarrre (Anm. 15), Kapitel II: Problems about Proof and Implication, siehe insbesondere S. 49-53, 62-64; B. Russell, »John Stuart Mill«. In: *Mill: A Collection of Critical Essays*, J.B. Schneewind (Hg.), New York 1968, S. 1-6.

38 Obwohl Mill in diesem Zusammenhang von »real inference« und »real premisses« spricht, wird der Begriff »real«, sofern er von Mill zur Kennzeichnung der grundlegenden Stellung der direkten Induktion verwendet wird, im folgenden als »eigentlich« übersetzt, um diese Bezeichnung von der Unterscheidung in wirkliche und scheinbare Schlüsse (real and apparent inferences) deutlich zu unterscheiden.

39 Diese beiden Schritte werden von Mill als »inferring part« und als »registering part« bezeichnet. (SL 186)

40 Diese Interpretationsfunktion der Deduktion wird von Mill sogar ausdrücklich in Beziehung zur Hermeneutik gesetzt. (SL 194)

41 Die formale Logik wird von Mill als Teildisziplin der Logik im weiteren Sinne angesehen. Im Unterschied zu dieser befaßt sie sich nicht mit methodologischen, semantischen und erkenntnistheoretischen Fragestellungen, sondern konzentriert sich ausschließlich auf die formalen Regeln des Syllogismus, die zur konsistenten »Interpretation« allgemeiner Aussagen herangezogen werden. (SL 206-208)

42 Dadurch, daß Mill zur Illustration der in erkenntnistheoretischer Hinsicht grundlegenden Stellung induktiven Schließens zahlreiche psychologische Beispiele heranzieht (SL 188-192), entsteht zunächst der Eindruck, als würde er behaupten, daß induktives Schließen ebenfalls in psychologischer Hinsicht grundlegend ist. Da er aber darauf hinweist, daß es in psychologischer Hinsicht neben Schlüssen »vom Besonderen auf das Besondere« ebenso Schlüsse »vom Besonderen auf das Allgemeine« gibt, kann seine These, daß die direkte Induktion die Grundform allen Schließens ist, nicht als psychologische, sondern muß als erkenntnistheoretische Behauptung verstanden werden.

43 W. Hamilton, *Discussions on Philosophy and Literature*, London 1852; W. Whewhell, *Philosophy of the Inductive Sciences*, London 1840; ders., *History of Scientific Ideas*, London 1858 (3. Aufl.), 2 Bde.

44 K.R. Popper, *Logik der Forschung*, Wien 1935.

45 C.G. Hempel, *Aspects of Scientific Explanation, and Other Essays in the Philosophy of Science*, New York 1965.

46 Quine (Anm. 2), S. 97-126.

47 Skorupski und Scarre vertreten ebenfalls die Auffassung, daß Mill und Hume unter der Bezeichnung »Induktionsproblem« verschiedene Fragestellungen thematisieren. Bei Scarre findet sich zudem eine Übersicht zu Interpretationen, die Humes und Mills Verständnis des Induktionsproblems miteinander identifizieren. Siehe Skorupski (Anm. 15), S. 81-100; G. Scarre: »Was Mill really concerned with Hume's Problem of Induction?«. In: *The Mill Newsletter*, Vol. 18, (1983), S. 6-23.

48 D. Hume, *Ein Traktat über die menschliche Natur*, R. Brandt (Hg.), Hamburg 1973, siehe Buch I, Teil III, Kapitel I-IV und Kapitel XIV; D. Hume, *Eine Untersuchung über den menschlichen Verstand*, R. Richter (Hg.), Hamburg 1964, siehe Teil I, Kapitel VII: Über die Idee der notwendigen Verbindung.

49 Peirce (Anm. 4), S. 215-223, 412-423.

50 Mill formuliert zwar allein mit Bezug auf die »Methode der Übereinstimmung« und die »Methode des Unterschieds« ausdrücklich, daß es sich dabei um eliminative Methoden handelt. Da aber
die übrigen Methoden ebenso eliminativ verfahren, können sie
gleichfalls als eliminative Methoden bezeichnet werden.

51 W. Herschel, *Preliminary Discourse on the Study of Natural
Philosophy*, London 1830 (repr., M. Partridge (Hg.), London/
New York 1966); zur Wissenschaftstheorie des 19. Jahrhunderts
siehe auch E.H. Madden (Hg.), *Theories of Scientific Method:
The Renaissance through the Nineteenth Century*, Seattle 1960.

52 Skorupski (Anm. 15), S. 180.

53 Zur Auseinandersetzung Mills mit Whewhells Konzeption der
Induktion siehe SL 294-305.

54 Popper (Anm. 44).

55 Quine (Anm. 2), S. 97-126. Skorupski vertritt ebenfalls die Auffassung, daß Mills Ansatz als Naturalismus im Sinne Quines gekennzeichnet werden kann: Skorupski (Anm. 15), S. 7-9, 190-
197.

56 P.F. Strawson, *Skeptizismus und Naturalismus*, Frankfurt 1987.

57 Die folgenden Arbeiten Mills befassen sich ebenfalls mit The-
men der praktischen Philosophie: 1) »Remarks on Bentham's
Philosophy« (1833), S. 3-18; 2) »Blakey's History of Moral
Sciences« (1833), S. 19-29; 3) »Bentham« (1838), S. 75-115; 4)
»Whewhell on Moral Philosophy« (1852), S. 165-201. Die Sei-
tenangaben beziehen sich auf Bd. X (Anm. 1).

58 J. Bentham, »An Introduction to the Principles of Morals and
Legislation« (1780). In: *The Collected Works of Jeremy Bentham*, J.H. Burns (Hg.), Oxford 1970; H. Sidgwick, *The Methods of Ethics*, (1874), Indianapolis 1981.

59 Mills Ethik unterscheidet sich von anderen Ansätzen in der
praktischen Philosophie darin, daß bei Mill sowohl moralische
als auch rechtliche Prinzipien zum Gegenstand der moralischen
Beurteilung gemacht werden können. Im Unterschied dazu
zieht beispielsweise Kant eine strenge Trennungslinie zwischen
den Prinzipien der Moral und denen des Rechts, indem er zwischen inneren und äußeren Pflichten beziehungsweise zwischen
Tugend- und Rechtspflichten unterscheidet und ausschließt,
daß die letzteren moralisch begründet oder auch nur in moralischer Hinsicht qualifiziert werden können. Siehe I. Kant, »Die

Metaphysik der Sitten«. In: *Kants gesammelte Schriften,* Herausgegeben von der Königlich Preußischen Akademie der Wissenschaften, Bd. VI, Berlin 1914, S. 218-220.

60 Eigentlich werden intuitionistische Positionen zu denjenigen Ansätzen in der Ethik gerechnet, in denen der Geltungsanspruch moralischer Normen nicht durch apriorische, sondern durch aposteriorische Voraussetzungen begründet wird. Der Umstand, daß Mill trotzdem intuitionistische Ansätze als apriorische Positionen betrachtet, kann dadurch erklärt werden, daß er die apriorischen Positionen psychologistisch als Positionen interpretiert, die sich auf angeborene ethische Prinzipien beziehen, die ihrerseits nur intuitiv zugänglich sind.

61 O. Höffe, *Einführung in die utilitaristische Ethik. Klassische und zeitgenössische Texte*, Tübingen 1992, S. 10 ff.

62 Mills Ansatz unterscheidet sich damit von *deontologischen* Ansätzen in der Ethik, die, wie beispielsweise Kants praktische Philosophie, dadurch ausgezeichnet sind, daß in ihnen Handlungen und Handlungsregeln für sich genommen und ohne Bezugnahme auf deren Folgen hinsichtlich ihres moralischen Wertes beurteilt werden.

63 D. Birnbacher, *Verantwortung für zukünftige Generationen*, Stuttgart 1988. Auf der Grundlage einer utilitaristischen Position entwickelt Birnbacher Ansätze zu einer »Zukunftsethik«.

64 Zur Darstellung dieser Diskussion siehe wiederum Höffe (Anm. 61), S. 28 ff. In dieser Einführung finden sich die folgenden Aufsätze, die in der Kontroverse zwischen Handlungs- und Regelutilitarismus Stellung beziehen: R.B. Brandt, »Einige Vorzüge einer bestimmten Form des Regelutilitarismus«; J. Rawls, »Zwei Regelbegriffe«; J.J.C. Smart, »Extremer und eingeschränkter Utilitarismus«; J.O. Urmson, »Zur Interpretation der Moralphilosophie John Stuart Mills«.

65 Siehe die vorhergehende Anmerkung.

66 Sidgwick, (Anm. 58), S. 415 f.; Zur Unterscheidung zwischen NSU und DNU siehe auch Birnbacher (Anm. 63), S. 60 ff.

67 Birnbacher (Anm. 63), S. 64, Anm.

68 Meine Übertragung ins Deutsche weicht in dem Punkt von der Übersetzung Birnbachers ab, daß ich nicht »proof« und »evidence« gleichermaßen mit »Beweis«, sondern »evidence« mit »Anhaltspunkt« übersetze.

69 G.E. Moore, *Principia Ethica*, Stuttgart 1970, S. 110 ff. Mit Bezug auf Moores Terminologie werden die beiden folgenden Argumente als »Argumente des naturalistischen Fehlschlusses« bezeichnet: 1) Das erste Argument, das sich der Sache nach bereits bei Hume findet, wendet sich dagegen, aus deskriptiven Aussagen normative Aussagen deduktiv herzuleiten. (David Hume: *Untersuchung über die Prinzipien der Moral*, 1751, C. Winckler (Hg.), repr. Hamburg 1962) 2) Das zweite Argument verbietet, normative Begriffe ausschließlich durch deskriptive Begriffe zu definieren.

70 Skorupski (Anm. 15), S. 285 f.

71 Eine eingehende Diskussion dieses Problems findet sich ebenda, S. 286 ff.

72 A. Ryan, *J.S. Mill*, London/Boston 1974, S. 118.

73 Ebenda, S. 117 f.

74 Skorupski (Anm. 15), S. 299-303.

75 T. Carlyle, *Latter-Day-Pamphlets*, London 1850, S. 268 ff.

76 Eine sowohl in wissenschaftstheoretischer Hinsicht interessante als auch bezüglich der Gründe, aus denen Bentham, Mill und Sidgwick verschiedene Begriffe von »Nutzen« und »Lust« vertreten, informative Arbeit ist der folgende Aufsatz: U. Gähde, »Zum Wandel des Nutzenbegriffs im klassischen Utilitarismus«. In: U. Gähde/W.H. Schrader (Hg.), *Der klassische Utilitarismus. Einflüsse – Entwicklungen – Folgen*, Berlin 1992, S. 83-110.

77 Im Unterschied zur Übersetzung von Birnbacher, der in der zitierten Passage »pleasure« durchgängig mit »Freude« übersetzt, habe ich »pleasure« aus Gründen der Einheitlichkeit mit »Lust« oder »Lustzustand« übersetzt.

78 Höffe (Anm. 61), S. 43.

79 D. Lyons, »Grenzen der Nützlichkeit: Fairneß-Argumente«. In: Höffe (Anm. 61), S. 223-243.

80 Gegen den extremen Egoismus argumentiert Mill ebenfalls in der Auseinandersetzung mit Benthams Utilitarismus; siehe J.S. Mill, »Remarks on Benthams Philosophy«. In: *Collected Works of John Stuart Mill* (Anm. 1), S. 5-18, insbes. S. 12-15.

81 Das Problem der distributiven Gerechtigkeit tritt nicht nur im Rahmen von Mills utilitaristischer Ethik, sondern auch bei anderen utilitaristischen Ansätzen auf. Siehe beispielsweise Lyons (Anm. 79), S. 223-243; D. Lyons, *Forms and Limits of Utilitarianism*, Oxford 1965.

82 P. Singer, *Praktische Ethik*, Stuttgart 1984, S. 32 ff.

83 Der Begriff der Handlung wird in diesem Zusammenhang in einem weiten Sinne und zur Beschreibung aller Tätigkeiten verwendet, die Mill zum Bereich der Freiheit des Individuums zählt.

84 T. Hobbes, »De Cive«. In: *Vom Menschen. Vom Bürger,* G. Gawlik (Hg.), Hamburg 1959, S. 59-327; T. Hobbes, *Leviathan: Oder Wesen, Form und Gewalt des kirchlichen und bürgerlichen Staates,* P.C. Meyer-Tasch (Hg.), Reinbek 1965; J. Locke, *Zwei Abhandlungen über die Regierung,* W. Euchner (Hg.), Frankfurt 1977.

85 A. Smith, *Der Wohlstand der Nationen,* C. Recktenwald (Hg.), München 1983; D. Ricardo, *Über die Grundlagen der politischen Ökonomie und der Besteuerung,* München 1971.

86 Siehe dazu beispielsweise H. Rausch, »John Stuart Mill«. In: *Klassiker des politischen Denkens,* H. Maier et al. (Hg.), München 1968, Bd. 2, S. 240-261.

87 J.S. Mill, *Discussions and Dissertations,* London 1867, Bd. 2, S. 56; A. de Tocqueville, *Über die Demokratie in Amerika,* J.P. Mayer (Hg.), Stuttgart 1985, siehe insbes. Bd. II, Kap. 36: Welche Art des Despotismus die demokratischen Nationen zu befürchten haben.

88 Ryan verdeutlicht, daß es Mill darum geht, mit Hilfe des Freiheitsprinzips den Bereich von Handlungen, welcher der Kontrolle durch Recht und Moral unterliegt, von dem Bereich von Handlungen zu unterscheiden, die einer solchen Kontrolle nicht unterliegen, sondern ausschließlich vom Individuum kontrolliert werden dürfen. Er wendet sich damit gegen das Mißverständnis, wonach es Mill um die Unterscheidung zwischen den entweder durch Recht oder durch Moral kontrollierten Handlungsbereichen geht. A. Ryan, »John Stuart Mill's Art of Living«. In: *J.S. Mill ›On Liberty‹ in focus,* J. Gray u. G.W. Smith (Hg.), London/New York 1991, S. 162-168.

89 D. Birnbacher, »John Stuart Mill«. In: *Klassiker der Philosophie,* O. Höffe (Hg.), München 1981, Bd. 2, S. 132-152, insbes. S. 146.

90 Eine eingehende Diskussion von Mills Unterscheidungskriterium findet sich in: J.C. Rees, »A Re-Reading of Mill on Liberty«. In: J. Gray u. G.W. Smith (Hg.) (Anm. 88), S. 169-189.

91 Diese Auffassung wird beispielsweise auch von Gräfrath geteilt: B. Gräfrath, *John Stuart Mill: ›Über die Freiheit‹. Ein einführender Kommentar,* München/Wien 1992, S. 20.

92 J.F. Stephen, *Liberty, Equality, Fraternity*, R.J. White (Hg.), Cambridge 1967; I. Berlin, »John Stuart Mill and the Ends of Life«. In: J. Gray u. G.W. Smith (Hg.) (Anm. 88), S. 131-161; G. Himmelfarb, *On Liberty and Liberalism: The Case of John Stuart Mill*, New York 1974, siehe Kapitel I.

93 J. Gray, »Mill's Conception of Happiness and the Theory of Individuality«. In: J. Gray u. G.W. Smith (Hg.) (Anm. 88), S. 190-211.

Literatur

Schriften von John Stuart Mill

1) Originalsprache

a) Sammelausgaben

The Collected Works of John Stuart Mill, J.M. Robson (Hg.), London/Toronto 1962 ff. Bislang sind die folgenden Bände erschienen:

I (1980) Autobiography and Literary Essays.
II, III (1965) Principles of Political Economy.
IV, V (1967) Essays on Economics and Society.
VI (1982) Essays on England, Ireland and the Empire.
VII, VIII (1973) System of Logic. Ratiocinative and Inductive.
IX (1979) An Examination of Sir William Hamilton's Philosophy.
X (1969) Essays on Ethics, Religion and Society.
XI (1978) Essays on Philosophy and the Classics.
XII, XIII (1962) Earlier Letters, 1812-1848.
XIV, XV, XVI, XVII (1972) Later Letters, 1848-1873.
XVIII, XIX (1977) Essays on Politics and Society.
XX (1985) Essays on French History and Historians.
XXI (1984) Essays on Equality, Law and Education.
XXII, XXIII, XXIV, XXV (1986) Newspaper Writings.

Alexander, E. (Hg.), *The Letters of John Stuart Mill*, London 1910.
Himmelfarb, G. (Hg.), *Essays on Politics and Culture*, New York 1962.

Mill, J.S., *Dissertations and Discussions,* London 1858, 2 Bde.; Bd. 3, 1867; Bd. 4, 1875.

b) Einzelausgaben

Mill, J.S., *A System of Logic, Ratiocinative and Inductive,* London 1970.

Mill, J.S., *Auguste Comte and Positivism*, Ann Arbor 1961.

Mill, J.S., *Utilitarianism, Liberty and Representative Government,* London 1960.

Mill, J.S., *An Examination of Sir William Hamiltons Philosophy,* London 1889.

Schneewind, J.B. (Hg.), *Mill's Essays on Literature and Society,* New York 1965.

Stillinger, J. (Hg.), *Autobiography,* London 1971.

2) Übersetzungen

a) Sammelausgaben

Gomperz, T. (Hg.), *Gesammelte Werke von John Stuart Mill,* Leipzig 1869-1881, Bde. I-XII (repr. Aalen 1968).

b) Einzelausgaben

Birnbacher D. (Hg.), *John Stuart Mill. Der Utilitarismus,* übersetzt und mit Anmerkungen und Nachwort versehen von Dieter Birnbacher, Stuttgart 1976.

Birnbacher, D. (Hg.), *John Stuart Mill. Drei Essays über Religion. Natur – Die Nützlichkeit der Religion – Theismus,* übersetzt und mit Anmerkungen und Nachwort versehen von Dieter Birnbacher, Stuttgart 1984.

Mill J.S., *System der deduktiven und induktiven Logik. Eine Darlegung der Principien wissenschaftlicher Forschung, insbesondere der Naturforschung,* übersetzt von J. Schiel, Braunschweig 1849.

Schlenke M. (Hg.), *John Stuart Mill. Über die Freiheit,* übersetzt von Bruno Lemke, mit Anhang und Nachwort versehen von Manfred Schlenke, Stuttgart 1974.

Schriften über John Stuart Mill

Claeys, G. (Hg.), *Der soziale Liberalismus John Stuart Mills,* Baden-Baden 1987. Diese Aufsatzsammlung enthält neben einer Einführung in Mills Liberalismus von Gregory Claeys Arbeiten über den Zusammenhang zwischen Mills Liberalismus und seinem Demokratieverständnis sowie über Mills politische Ökonomie und seine Ansichten über den Sozialismus.

De Jong, W.R., *The Semantics of John Stuart Mill,* Dordrecht/Boston/London 1982. De Jong unterzieht Mills Konzeption der Begriffs- und Aussagenbedeutung einer detaillierten Analyse. Neben der Interpretation von Mills semantischen Konzeptionen geht es De Jong dabei auch darum, die Beziehungen von Mills Bedeutungstheorie zur Scholastik und zu Whatelys *Elementen der Logik* aufzuweisen.

Gähde, U. u. W.H. Schrader (Hg.), *Der klassische Utilitarismus. Einflüsse – Entwicklungen – Folgen,* Berlin 1992. In dieser Aufsatzsammlung finden sich Arbeiten über den Utilitarismus Benthams, Mills und Sidgwicks. Von besonderem Interesse für den Utilitarismus Mills ist der Aufsatz von Ulrich Gähde über den Begriff des Nutzens bei Bentham und Mill, sowie der Aufsatz von Otfried Höffe zu der Frage, ob Mill gewährleisten kann, daß alle für das kollektive Glück nützlichen Handlungen gerecht sind.

Gray, J. et al. (Hg.), *J.S. Mill »On Liberty« in focus,* London/New York 1991. In dieser Aufsatzsammlung wird hauptsächlich die Verträglichkeit von Mills Liberalismus und Utilitarismus diskutiert. Während beispielsweise Isaiah Berlin und C.L. Ten die Auffassung vertreten, daß beide Positionen miteinander unverträglich sind, argumentiert John Gray dafür, daß Mills Liberalismus den Utilitarismus zur Voraussetzung hat. Daneben beschäftigt sich der Aufsatz von J.C. Rees mit der Frage, wie die Interessenbereiche des Indidivuums und der Gesellschaft von Mill gegeneinander abgegrenzt werden.

Himmelfarb, G., *On Liberty and Liberalism. The Case of John Stuart Mill,* San Francisco 1990. Ausgehend von der These, daß Mills Utilitarismus und Liberalismus nicht miteinander vereinbar sind, beschreibt Himmelfarb ausführlich das geistige Umfeld, in dem Mills Schrift *Über die Freiheit* entstanden ist. Sie nimmt dazu ausführlich auf Mills politische Schriften über die repräsentative Demokratie und über die Unterdrückung der Frauen Bezug.

Höffe, O. (Hg.), *Einführung in die utilitaristische Ethik. Klassische und zeitgenössische Texte,* Tübingen 1992. Diese Aufsatzsammlung enthält einerseits eine Einführung von Otfried Höffe in den Utilitarismus von Bentham, Mill und Sidgwick sowie Texte dieser drei Autoren über den Utilitarismus. Andererseits finden sich in ihr Aufsätze von Richardt B. Brandt, John Rawls, John J.C. Smart und James O. Urmson, in denen diskutiert wird, ob Mills Utilitarismus als Handlungs- oder als Regelutilitarismus interpretiert werden muß. Ein Aufsatz von David Lyons befaßt sich mit der Frage, ob und inwieweit Nützlichkeitsüberlegungen Gerechtigkeit und Fairneß Rechnung tragen können.

Ryan, A., *J.S. Mill,* London/Boston 1974. In Ryans Einführung findet sich eine ausführliche intellektuelle Biographie Mills. Während Mills theoretische Philosophie sehr knapp dargestellt wird, widmet Ryan der Beschreibung seiner praktischen Philosophie und vor allem seinen politischen Überlegungen viel Raum.

Scarre, G., *Logic and Reality in the Philosophy of John Stuart Mill,* Dordrecht/Boston/London 1989. Scarre konzentriert sich auf die Untersuchung der theoretischen Philosophie Mills. Auf der Grundlage von Überlegungen zu Mills Logikverständnis, dessen Theorie induktiven und deduktiven Schließens sowie zu dessen Empirismus argumentiert Scarre für die These, daß zwischen Mills Sensualismus und seinem Realismus eine von Mill nicht aufgelöste Spannung besteht.

Skorupski, J., *John Stuart Mill,* London/New York 1989. Skorupskis umfassende und detaillierte Einführung in das Denken Mills nimmt ihren Ausgang von der Untersuchung seiner theoretischen Philosophie. Mills Naturalismus und die damit verbundene Ablehnung apriorischen Wissens wird ausführlich dargestellt und in Beziehung zu seiner praktischen und politischen Philosophie gesetzt.

Textkommentare

Gräfrath, B., *John Stuart Mill: »Über die Freiheit«. Ein einführender Kommentar,* Paderborn/München/Wien/Zürich 1992.

Wolf, J.-C., *John Stuart Mills »Utilitarismus«. Ein kritischer Kommentar*, Freiburg/München 1992.

Forschungsperiodikum

The Mill newsletter, Toronto University Press, Toronto 1965 ff.

Zeittafel

1806	John Stuart Mill wurde am 20. Mai 1806 in London geboren. Seine Ausbildung durch den Vater James Mill (1773-1836), einem schottischen Philosophen, Historiker und Ökonomen, beginnt bereits im Alter von drei Jahren mit Unterricht in Griechisch. Im Alter von sieben Jahren wird er in Latein, Mathematik und Geschichte unterrichtet, und mit zwölf Jahren befaßt er sich mit Logik, Volkswirtschaft, Metaphysik und Ethik. Aufgrund der engen Freundschaft zwischen James Mill und dem Utilitaristen und Mitglied der »Philosophical Radicals« Jeremy Bentham (1748-1832) lernt J.St. Mill ebenfalls den Utilitarismus Benthams und dessen radikalen Liberalismus kennen.
1820	Studium der französischen Sprache und Literatur in Frankreich.
1821	Studium des römischen Rechts.
1822	Eintritt in die »Utilitarian Society«, in der er ein Jahr lang Mitglied war.
1823	beginnt Mill als »Junior Clerk« seine Tätigkeit in der East India Company. Er steigt bis zum Chef des Examiner's Office (1856) mit einem Jahresgehalt von 2000 Pfund auf.
1824 bis 1828	journalistische Tätigkeiten.
1826	Mill erleidet einen Nervenzusammenbruch. Während der Genesung lernt er die Werke von Wordsworth, Coleridge, Carlyle, Goethe, Comte und der

	Saint-Simonisten kennen, die seine geistige Entwicklung stark beeinflussen.
1826 bis 1829	ist er leitendes Mitglied des Debattierklubs »Speculative Society«.
1828	veröffentlicht Mill die Rezension *Whatelys Elemente der Logik*.
1830	Mill lernt Harriet Taylor kennen. Er heiratet sie 1851, zwei Jahre nach dem Tod ihres Mannes. John F.W. Herschel veröffentlicht die Monographie *Einleitende Überlegungen zur Untersuchung der Naturwissenschaft*. Auf Herschels wissenschaftstheoretische Überlegungen bezieht sich Mill insbesondere mit seiner Methodologie der Induktion.
1831	Wiederaufnahme der journalistischen Tätigkeit. Mill veröffentlicht unter anderem die folgenden Aufsätze: *Tocqueville über die Demokratie in Amerika* (1835 und 1840), *Zivilisation* (1836), *Bentham* (1838) und *Coleridge* (1840).
1836	Dem Tod des Vaters folgt eine schwere Erkrankung Mills.
1841	Beginn der Korrespondenz mit Auguste Comte (bis 1846). Mill reicht das *System der Logik* zur Veröffentlichung ein und erhält vom Verlag eine Absage. William Whewhell publiziert die *Philosophie der induktiven Wissenschaften*.
1843	veröffentlicht Mill sein *System der Logik*.
1844	publiziert Mill seine *Essays über einige ungelöste Fragen der politischen Ökonomie*.
1848	veröffentlicht Mill die *Grundsätze der politischen Ökonomie*.
1850	In dem Zeitraum zwischen 1850 und 1858 verfaßt Mill die beiden Aufsätze *Natur* und *Die Nützlichkeit der Religion*.
1852	William Hamilton veröffentlicht seine *Diskussionen über Philosophie und Literatur, Erziehung und die Reform der Universität*.
1855	Alexander Bain publiziert die Monographie *Die Sinne und der Verstand*. Herbert Spencer veröffentlicht die *Prinzipien der Psychologie*.
1858	Mill wird im Zuge der Auflösung der East India